Este diario pertenece a:

______________________________

**Sí lo encuentras, contáctame en:**

______________________________

# Diario guiado de Train Your Money

**Train Your Money™ Diario guiado**



**Publicado por Achieve Financial Partners, LLC**

**Boise, ID, EE. UU.**

# ¡Me alegra que estés aquí!

Has dado el primer paso para traer calma y claridad de tu dinero. A lo largo de los años, he visto que cuando las personas entienden con claridad su flujo de efectivo —lo que entra, lo que sale y lo que realmente es importante para ellos— a menudo descubren entre **$100 y $200 adicionales al mes** que estaban a la vista sin notarlo. Ese dinero puede destinarse a ahorros, a pagar deudas o simplemente a vivir con más tranquilidad.

Este diario está diseñado para guiarte hacia esa claridad de una página a la vez. Si deseas apoyo adicional durante el proceso, también he creado un curso complementario que te acompaña paso a paso a través del mismo sistema. Ya sea que uses solo el diario o lo combines con el curso, estás dando un paso poderoso hacia la confianza financiera.

https://achievefinance.podia.com

## Lo que este diario hará por ti

→ Te dará un proceso simple que realmente usarás: sin aplicaciones, sin fórmulas, solo pluma, papel y claridad.

→ Fortalecerá tu confianza con el dinero: verás a dónde va sin culpa ni juicios.

→ Te ofrecerá un proceso claro y tranquilo para seguir mes a mes.

→ Te mantendrá motivado/a: con preguntas y reflexiones divertidas que conectan el dinero con tus metas y valores.

Este diario se trata de progreso, no perfección. Empieza hoy y da el siguiente paso hacia la vida que deseas. Pasa la página para descubrir todas las herramientas que te esperan dentro.

*Janice*

# Incluido en este diario

- Bienvenida y beneficios de este diario
- Lista de inicio rápido
- Preparando tu mes
    - Calendario mensual
    - Planificación semanal de facturas
- Seguimiento de gastos por categoría
    - Vivienda, transporte, deudas y cuidados
    - Comida y diversión
    - Ahorros y pagos adicionales
    - Registro semanal de comida y diversión
- Registro de gastos con tarjeta de crédito
- Registro de suscripciones
- Registros de deudas y fondo de emergencia
- Páginas de cuadrícula libre para ideas, reflexiones o escritura
- Páginas con preguntas guía – Pensar, Actuar, Sentir
- Hojas informativas
- Celebrando el progreso
- Páginas adicionales para notas y seguimiento
- Próximos pasos con Train Your Money™

# DATOS DIVERTIDOS SOBRE EL PRESUPUESTO

**Por lo general, toma alrededor de 90 dias acostumbrarse a usar un presupuesto.**
***¡No te des por vencido/a!***

**Tener un presupuesto puede reducir el estrés financiero y mejorar tu bienestar emocional, al ayudarte a sentir más tranquilidad, seguridad y control sobre tu dinero.**

**PRESUPUESTO = EQUILIBRIO**

**PRESUPUESTO = EQUILIBRIO –**

# ✓ Guía Rápida Para Empezar: Cómo Usar Este Diario

→ **Configura el mes:**

☐ Empieza con el mes actual, aunque no sea el primer día del mes
☐ Anota tus **días de pago** y las **fechas de vencimiento** de tus facturas en el Calendario de seguimiento de facturas
☐ Sigue las instrucciones al final del Calendario de seguimiento de facturas para ver si te sobra dinero o si necesitas hacer ajustes

→ **Registra los gastos fijos mensuales:**

☐ Vivienda
☐ Transporte
☐ Mínimos de deuda (la cantidad necesaria para mantenerte al corriente)
☐ Gastos de cuidado (hijos, mascotas, salud, etc.)

→ **Registra los gastos variables semanalmente:**

☐ Comida, compras, entretenimiento
☐ Ahorros y pagos extra a deudas (esto cuenta como **ahorro**)

→ **Reenfócate, reflexiona y escribe:**

☐ Escribe pensamientos, ideas y metas en las páginas al final de cada mes
☐ Pasos pequeños y constantes crean grandes cambios
☐ Enfócate en un mes a la vez y el cambio llegará

---

→ **Consejos pro:**

☐ Registrar gastos cada semana te ayuda a ver patrones antes y ajustar más rápido
☐ No escribas números de cuenta ni información de acceso en tu diario
☐ **Progreso > perfección**. Da un pequeño paso cada día

---

# Las Cuatro Áreas del Cambio

Evalúate del 1 (menor confianza) al 10 (mayor confianza) en cada área

MANOS-COMPORTAMIENTOS CON EL DINERO

CABEZA - *CONOCIMIENTO FINANCIERO*

COMO - ADMINISTRAS Y DAS SEGUIMIENTO A TU DINERO

CORAZÓN -TU RELACIÓN CON EMOCIONAL CON EL DINERO

"Un punto de partida para guiar tu próximos pasos y medir tu crecimiento."

ESTOY COMENZANDO CON...

______________________________

______________________________

______________________________

______________________________

______________________________

______________________________

# Calendario de Seguimiento de Facturas

**Mes:** ____________________

| Lunes | Martes | Miércoles | Jueves | Viernes | Sábado | Domingo | Suma Restante |
|---|---|---|---|---|---|---|---|
| ☐ | ☐ | ☐ | ☐ | ☐ | ☐ | ☐ | |
| ☐ | ☐ | ☐ | ☐ | ☐ | ☐ | ☐ | |
| ☐ | ☐ | ☐ | ☐ | ☐ | ☐ | ☐ | |
| ☐ | ☐ | ☐ | ☐ | ☐ | ☐ | ☐ | |
| ☐ | ☐ | ☐ | ☐ | ☐ | ☐ | ☐ | |

## Instrucciones

1. Anota tu ingreso neto en los días de pago.
2. Registra las facturas en sus fechas de vencimiento.
3. Anota otros gastos de este mes (seguro, días festivos, regalos).
4. Da seguimiento a la suma restante cada semana.
5. Si la suma es positiva, pásala a la siguiente semana.
6. Si es negativa, usa dinero de otra categoría.

SISTEMA DE CUBETAS
PARA ADMINISTRAR DINERO
INGRESOS
GASTOS FIJOS
GASTOS VARIABLES
AHORROS

## Entrena tus gastos con el Plan de la Cubeta del Dinero

**Simple. Flexible. Diseñado para la vida real.**

El plan de **gastos por porcentajes** es uno de los favoritos de siempre porque funciona para cualquier nivel de ingresos. Simplemente reparte tu ingreso neto en 3 cubetas.

---

### El plan clásico 50/30/20

- **50% Necesidades** – Renta, servicios, despensa, seguros, transporte
- **30% Gustos** – Comer fuera, diversión, compras, pasatiempos
- **20% Ahorros** – Fondo de emergencia, pago de deudas, retiro, metas futuras

---

### El plan de la vida real 70/20/10

Ideal para hogares con un solo ingreso, salarios más bajos o zonas con alto costo de vida:

- **70% Necesidades** – Cubre lo básico sin culpa
- **20% Gustos** – Todavía hay espacio para disfrutar
- **10% Ahorros** – Pasos pequeños también construyen el futuro

---

### Consejo de Buck:

"No te estreses por la división perfecta. Dale un propósito a cada dólar y mantenlo avanzando hacia tus metas."

---

### Elige tu plan. Registra tus gastos. Ajusta cuando sea necesario.

No importa qué plan elijas, el objetivo es el **progreso**, no la perfección.

Cuanta más conciencia tengas, más control tendrás sobre tu dinero (y no al revés).

**Registro Mensual De Facturas** | **MES** ____________________

Fijo: Los gastos que no cambian de un mes a otro

Variable: Los gastos que cambian de un mes a otro | **INGRESO NETO:** ____________________

## VIVIENDA

| Fecha | A quién pagaste | Monto | Fijo | Variable | Cuenta pagada de | Método de pago (Automático, Débito, Crédito) | ¿Aún debes? ¿Cuánto? (Saldo) |
|---|---|---|---|---|---|---|---|
| | | $ | ☐ | ☐ | | | |
| | | $ | ☐ | ☐ | | | |
| | | $ | ☐ | ☐ | | | |
| | | $ | ☐ | ☐ | | | |
| | | $ | ☐ | ☐ | | | |
| | | $ | ☐ | ☐ | | | |
| | | $ | ☐ | ☐ | | | |
| | | $ | ☐ | ☐ | | | |
| | | $ | ☐ | ☐ | | | |
| | | $ | ☐ | ☐ | | | |
| | | $ | ☐ | ☐ | | | |
| | | $ | ☐ | ☐ | | | |
| | | $ | ☐ | ☐ | | | |
| | | $ | ☐ | ☐ | | | |
| | **TOTAL** | ______ | | | | | |

Esta página es donde comienza la magia, aunque la primera vez puede sentirse un poco intimidante. En el curso Train Your Money™ la completamos juntos, paso a paso, con ejemplos reales para que sepas exactamente cómo hacer que funcione para ti.

**¿Qué aprendiste sobre tus gastos de vivienda fijos y variables?** ____________________

**¿Dónde puede tu dinero trabajar mejor para ti?** ____________________

**¡Un uso más eficiente del dinero significa más para lo que realmente importa!**

## TRANSPORTE

| Fecha | A quién pagaste | Monto | Fijo | Variable | Cuenta pagada de | Método de pago (Automático, Débito, Crédito) | ¿Aún debes? ¿Cuánto? (Saldo) |
|---|---|---|---|---|---|---|---|
| | | $ | ☐ | ☐ | | | |
| | | $ | ☐ | ☐ | | | |
| | | $ | ☐ | ☐ | | | |
| | | $ | ☐ | ☐ | | | |
| | | $ | ☐ | ☐ | | | |
| | | $ | ☐ | ☐ | | | |
| | | $ | ☐ | ☐ | | | |
| | | $ | ☐ | ☐ | | | |
| | | $ | ☐ | ☐ | | | |
| | | $ | ☐ | ☐ | | | |
| | | $ | ☐ | ☐ | | | |
| | | $ | ☐ | ☐ | | | |
| | **TOTAL** | ______ | | | | | |

**¿Qué aprendiste sobre tus gastos de vivienda fijos y variables?** ____________________

**¿Dónde puede tu dinero trabajar mejor para ti?** ____________________

**¡Un uso más eficiente del dinero significa más para lo que realmente importa!**

Registro Mensual De Facturas

MES________________________

Fijo: Los gastos que no cambian de un mes a otro
Variable: Los gastos que cambian de un mes a otro

INGRESO NETO ____________________

## MÍNIMOS DE DEUDA- Lo necesario para mantener la deuda al corriente

| Fecha | A quién pagaste | Monto | Fijo | Variable | Cuenta pagada de | Método de pago (Automático, Débito, Crédito) | ¿Aún debes? ¿Cuánto? (Saldo) |
|---|---|---|---|---|---|---|---|
| | | $ | ☐ | ☐ | | | |
| | | $ | ☐ | ☐ | | | |
| | | $ | ☐ | ☐ | | | |
| | | $ | ☐ | ☐ | | | |
| | | $ | ☐ | ☐ | | | |
| | | $ | ☐ | ☐ | | | |
| | | $ | ☐ | ☐ | | | |
| | | $ | ☐ | ☐ | | | |
| | | $ | ☐ | ☐ | | | |
| | | $ | ☐ | ☐ | | | |
| | | $ | ☐ | ☐ | | | |
| | | $ | ☐ | ☐ | | | |
| | | $ | ☐ | ☐ | | | |
| | | $ | ☐ | ☐ | | | |
| | TOTAL | ________ | | | | | |

¿Qué aprendiste sobre tus gastos de vivienda fijos y variables? ____________________

¿Dónde puede tu dinero trabajar mejor para ti? ____________________

¡Un uso más eficiente del dinero significa más para lo que realmente importa!

## GASTOS DE CUIDADO- Personales, hijos, mascotas

| Fecha | A quién pagaste | Monto | Fijo | Variable | Cuenta pagada de | Método de pago (Automático, Débito, Crédito) | ¿Aún debes? ¿Cuánto? (Saldo) |
|---|---|---|---|---|---|---|---|
| | | $ | ☐ | ☐ | | | |
| | | $ | ☐ | ☐ | | | |
| | | $ | ☐ | ☐ | | | |
| | | $ | ☐ | ☐ | | | |
| | | $ | ☐ | ☐ | | | |
| | | $ | ☐ | ☐ | | | |
| | | $ | ☐ | ☐ | | | |
| | | $ | ☐ | ☐ | | | |
| | | $ | ☐ | ☐ | | | |
| | | $ | ☐ | ☐ | | | |
| | | $ | ☐ | ☐ | | | |
| | | $ | ☐ | ☐ | | | |
| | | $ | ☐ | ☐ | | | |
| | TOTAL | ________ | | | | | |

¿Qué aprendiste sobre tus gastos de vivienda fijos y variables? ____________________

¿Dónde puede tu dinero trabajar mejor para ti? ____________________

¡Un uso más eficiente del dinero significa más para lo que realmente importa!

## Tus Zonas De Gastos Ocultos

Mes____________________

Semana (círcula)  1  2  3  4  5

La comida, las compras y el entretenimiento son las principales categorías donde suele ocurrir el gasto impulsivo.

Haz seguimiento semanal de estas categorías (y de cualquier otra que sientas que está vaciando tu "cubeta" de dinero) y descubre cuánto más puedes conservar al final del mes.

| **COMIDA** | | | **COMPRAS** | | | **ENTRETENIMIENTO** | | |
|---|---|---|---|---|---|---|---|---|
| Monto $ | Débito* | Crédito* | Monto $ | Débito | Crédito | Monto $ | Débito | Crédito |
| ________ | ☐ | ☐ | ________ | ☐ | ☐ | ________ | ☐ | ☐ |
| ________ | ☐ | ☐ | ________ | ☐ | ☐ | ________ | ☐ | ☐ |
| ________ | ☐ | ☐ | ________ | ☐ | ☐ | ________ | ☐ | ☐ |
| ________ | ☐ | ☐ | ________ | ☐ | ☐ | ________ | ☐ | ☐ |
| ________ | ☐ | ☐ | ________ | ☐ | ☐ | ________ | ☐ | ☐ |
| ________ | ☐ | ☐ | ________ | ☐ | ☐ | ________ | ☐ | ☐ |
| ________ | ☐ | ☐ | ________ | ☐ | ☐ | ________ | ☐ | ☐ |
| ________ | ☐ | ☐ | ________ | ☐ | ☐ | ________ | ☐ | ☐ |
| ________ | ☐ | ☐ | ________ | ☐ | ☐ | ________ | ☐ | ☐ |
| ________ | ☐ | ☐ | ________ | ☐ | ☐ | ________ | ☐ | ☐ |

*Débito: El dinero se descuenta de tu cuenta de inmediato (corriente o de ahorros) cuando lo gastas.
*Crédito: Las compras se suman a un saldo acumulado que debes pagar antes de la fecha de vencimiento para evitar intereses.

## Tus Zonas De Gastos Ocultos

Mes__________________

Semana (círcula) 1 2 3 4 5

La comida, las compras y el entretenimiento son las principales categorías donde suele ocurrir el gasto impulsivo.

Haz seguimiento semanal de estas categorías (y de cualquier otra que sientas que está vaciando tu "cubeta" de dinero) y descubre cuánto más puedes conservar al final del mes.

| **COMIDA** | | | **COMPRAS** | | | **ENTRETENIMIENTO** | | |
|---|---|---|---|---|---|---|---|---|
| Monto $ | Débito* | Crédito* | Monto $ | Débito | Crédito | Monto $ | Débito | Crédito |
| ________ | ☐ | ☐ | ________ | ☐ | ☐ | ________ | ☐ | ☐ |
| ________ | ☐ | ☐ | ________ | ☐ | ☐ | ________ | ☐ | ☐ |
| ________ | ☐ | ☐ | ________ | ☐ | ☐ | ________ | ☐ | ☐ |
| ________ | ☐ | ☐ | ________ | ☐ | ☐ | ________ | ☐ | ☐ |
| ________ | ☐ | ☐ | ________ | ☐ | ☐ | ________ | ☐ | ☐ |
| ________ | ☐ | ☐ | ________ | ☐ | ☐ | ________ | ☐ | ☐ |
| ________ | ☐ | ☐ | ________ | ☐ | ☐ | ________ | ☐ | ☐ |
| ________ | ☐ | ☐ | ________ | ☐ | ☐ | ________ | ☐ | ☐ |
| ________ | ☐ | ☐ | ________ | ☐ | ☐ | ________ | ☐ | ☐ |
| ________ | ☐ | ☐ | ________ | ☐ | ☐ | ________ | ☐ | ☐ |

*Débito: El dinero se descuenta de tu cuenta de inmediato (corriente o de ahorros) cuando lo gastas.
*Crédito: Las compras se suman a un saldo acumulado que debes pagar antes de la fecha de vencimiento para evitar intereses.

## Tus Zonas De Gastos Ocultos

Mes________________

Semana (círcula) 1 2 3 4 5

La comida, las compras y el entretenimiento son las principales categorías donde suele ocurrir el gasto impulsivo.

Haz seguimiento semanal de estas categorías (y de cualquier otra que sientas que está vaciando tu “cubeta” de dinero) y descubre cuánto más puedes conservar al final del mes.

| **COMIDA** | | | **COMPRAS** | | | **ENTRETENIMIENTO** | | |
|---|---|---|---|---|---|---|---|---|
| Monto $ | Débito* | Crédito* | Monto $ | Débito | Crédito | Monto $ | Débito | Crédito |
| ________ | ☐ | ☐ | ________ | ☐ | ☐ | ________ | ☐ | ☐ |
| ________ | ☐ | ☐ | ________ | ☐ | ☐ | ________ | ☐ | ☐ |
| ________ | ☐ | ☐ | ________ | ☐ | ☐ | ________ | ☐ | ☐ |
| ________ | ☐ | ☐ | ________ | ☐ | ☐ | ________ | ☐ | ☐ |
| ________ | ☐ | ☐ | ________ | ☐ | ☐ | ________ | ☐ | ☐ |
| ________ | ☐ | ☐ | ________ | ☐ | ☐ | ________ | ☐ | ☐ |
| ________ | ☐ | ☐ | ________ | ☐ | ☐ | ________ | ☐ | ☐ |
| ________ | ☐ | ☐ | ________ | ☐ | ☐ | ________ | ☐ | ☐ |
| ________ | ☐ | ☐ | ________ | ☐ | ☐ | ________ | ☐ | ☐ |
| ________ | ☐ | ☐ | ________ | ☐ | ☐ | ________ | ☐ | ☐ |

*Débito: El dinero se descuenta de tu cuenta de inmediato (corriente o de ahorros) cuando lo gastas.

*Crédito: Las compras se suman a un saldo acumulado que debes pagar antes de la fecha de vencimiento para evitar intereses.

# Tus Zonas De Gastos Ocultos

Mes________________

Semana (círcula) 1 2 3 4 5

La comida, las compras y el entretenimiento son las principales categorías donde suele ocurrir el gasto impulsivo.

Haz seguimiento semanal de estas categorías (y de cualquier otra que sientas que está vaciando tu “cubeta” de dinero) y descubre cuánto más puedes conservar al final del mes.

| **COMIDA** | | | **COMPRAS** | | | **ENTRETENIMIENTO** | | |
|---|---|---|---|---|---|---|---|---|
| Monto $ | Débito* | Crédito* | Monto $ | Débito | Crédito | Monto $ | Débito | Crédito |
| ________ | ☐ | ☐ | ________ | ☐ | ☐ | ________ | ☐ | ☐ |
| ________ | ☐ | ☐ | ________ | ☐ | ☐ | ________ | ☐ | ☐ |
| ________ | ☐ | ☐ | ________ | ☐ | ☐ | ________ | ☐ | ☐ |
| ________ | ☐ | ☐ | ________ | ☐ | ☐ | ________ | ☐ | ☐ |
| ________ | ☐ | ☐ | ________ | ☐ | ☐ | ________ | ☐ | ☐ |
| ________ | ☐ | ☐ | ________ | ☐ | ☐ | ________ | ☐ | ☐ |
| ________ | ☐ | ☐ | ________ | ☐ | ☐ | ________ | ☐ | ☐ |
| ________ | ☐ | ☐ | ________ | ☐ | ☐ | ________ | ☐ | ☐ |
| ________ | ☐ | ☐ | ________ | ☐ | ☐ | ________ | ☐ | ☐ |
| ________ | ☐ | ☐ | ________ | ☐ | ☐ | ________ | ☐ | ☐ |

*Débito: El dinero se descuenta de tu cuenta de inmediato (corriente o de ahorros) cuando lo gastas.

*Crédito: Las compras se suman a un saldo acumulado que debes pagar antes de la fecha de vencimiento para evitar intereses.

# Registro De Gastos Con Tarjeta De Crédito

Gasta, paga, repite

| Fecha de pago | Nombre de Tarjeta | Cargos | Pagado | ¿El saldo sube o baja? |
|---|---|---|---|---|
| | | | | |
| | | | | |
| | | | | |
| | | | | |
| | | | | |
| | | | | |
| | | | | |
| | | | | |
| | | | | |
| | | | | |
| | | | | |
| | | | | |
| | | | | |
| | | | | |
| | | | | |
| | | | | |
| | | | | |
| | | | | |
| | | | | |
| | | | | |

# Préstamo A Plazos Con Pago Fijo

Incluye préstamos personales, estudiantiles, médicos, de impuestos y de auto.

| Acreedor | Balance | Pago Mínimo | Tasa de interés |
|---|---|---|---|
| | | | |
| | | | |
| | | | |
| | | | |
| | | | |
| | | | |
| | | | |
| | | | |
| | | | |
| | | | |
| | | | |
| | | | |
| | | | |
| | | | |
| | | | |
| | | | |
| | | | |
| | | | |
| | | | |
| | | | |

# Deuda

## A PLAZOS

A plazos: Pides dinero una vez y lo pagas con el tiempo en pagos mensuales fijos.

## REVOLENTE

Revolvente: Puedes usar, pagar y volver a usar el crédito hasta un límite establecido.

https://achievefinance.podia.com

# Registro de Suscripciones

| Suscripción | Costo | Método de pago | Mensual/ Anual | Fecha de pago | Renovación automática | Notas |
|---|---|---|---|---|---|---|
| | | | M A | | | |
| | | | M A | | | |
| | | | M A | | | |
| | | | M A | | | |
| | | | M A | | | |
| | | | M A | | | |
| | | | M A | | | |
| | | | M A | | | |
| | | | M A | | | |
| | | | M A | | | |
| | | | M A | | | |
| | | | M A | | | |
| | | | M A | | | |
| | | | M A | | | |
| | | | M A | | | |
| | | | M A | | | |
| | | | M A | | | |
| | | | M A | | | |
| | | | M A | | | |

# Reenfócate, Reflexiona y Anota

Usa este espacio para capturar tus pensamientos, metas o momentos de claridad:

"Nada es imposible; la propia palabra lo dice: 'soy posible'." – Audrey Hepburn

https://achievefinance.podia.com

# Calendario de Seguimiento de Facturas

**Mes:** ____________________

| Lunes | Martes | Miércoles | Jueves | Viernes | Sábado | Domingo | Suma Restante |
|---|---|---|---|---|---|---|---|
| ☐ | ☐ | ☐ | ☐ | ☐ | ☐ | ☐ | |
| ☐ | ☐ | ☐ | ☐ | ☐ | ☐ | ☐ | |
| ☐ | ☐ | ☐ | ☐ | ☐ | ☐ | ☐ | |
| ☐ | ☐ | ☐ | ☐ | ☐ | ☐ | ☐ | |
| ☐ | ☐ | ☐ | ☐ | ☐ | ☐ | ☐ | |

Instrucciones

1. Anota tu ingreso neto en los días de pago.
2. Registra las facturas en sus fechas de vencimiento.
3. Anota otros gastos de este mes (seguro, días festivos, regalos).
4. Da seguimiento a la suma restante cada semana.
5. Si la suma es positiva, pásala a la siguiente semana.
6. Si es negativa, usa dinero de otra categoría.

Registro Mensual De Facturas

MES______________________

Fijo: Los gastos que no cambian de un mes a otro
Variable: Los gastos que cambian de un mes a otro

INGRESO NETO____________________

## VIVIENDA

| Fecha | A quién pagaste | Monto | Fijo | Variable | Cuenta pagada de | Método de pago (Automático, Débito, Crédito) | ¿Aún debes? ¿Cuánto? (Saldo) |
|---|---|---|---|---|---|---|---|
| | | $ | ☐ | ☐ | | | |
| | | $ | ☐ | ☐ | | | |
| | | $ | ☐ | ☐ | | | |
| | | $ | ☐ | ☐ | | | |
| | | $ | ☐ | ☐ | | | |
| | | $ | ☐ | ☐ | | | |
| | | $ | ☐ | ☐ | | | |
| | | $ | ☐ | ☐ | | | |
| | | $ | ☐ | ☐ | | | |
| | | $ | ☐ | ☐ | | | |
| | | $ | ☐ | ☐ | | | |
| | | $ | ☐ | ☐ | | | |
| | | $ | ☐ | ☐ | | | |
| | | $ | ☐ | ☐ | | | |
| | TOTAL | | | | | | |

¿Qué aprendiste sobre tus gastos de vivienda fijos y variables? ____________________

¿Dónde puede tu dinero trabajar mejor para ti? ____________________

¡Un uso más eficiente del dinero significa más para lo que realmente importa!

## TRANSPORTE

| Fecha | A quién pagaste | Monto | Fijo | Variable | Cuenta pagada de | Método de pago (Automático, Débito, Crédito) | ¿Aún debes? ¿Cuánto? (Saldo) |
|---|---|---|---|---|---|---|---|
| | | $ | ☐ | ☐ | | | |
| | | $ | ☐ | ☐ | | | |
| | | $ | ☐ | ☐ | | | |
| | | $ | ☐ | ☐ | | | |
| | | $ | ☐ | ☐ | | | |
| | | $ | ☐ | ☐ | | | |
| | | $ | ☐ | ☐ | | | |
| | | $ | ☐ | ☐ | | | |
| | | $ | ☐ | ☐ | | | |
| | | $ | ☐ | ☐ | | | |
| | | $ | ☐ | ☐ | | | |
| | | $ | ☐ | ☐ | | | |
| | TOTAL | | | | | | |

¿Qué aprendiste sobre tus gastos de vivienda fijos y variables? ____________________

¿Dónde puede tu dinero trabajar mejor para ti? ____________________

¡Un uso más eficiente del dinero significa más para lo que realmente importa!

Registro Mensual De Facturas

MES__________________________

Fijo: Los gastos que no cambian de un mes a otro

Variable: Los gastos que cambian de un mes a otro

INGRESO NETO ______________________

## MÍNIMOS DE DEUDA- Lo necesario para mantener la deuda al corriente

| Fecha | A quién pagaste | Monto | Fijo | Variable | Cuenta pagada de | Método de pago (Automático, Débito, Crédito) | ¿Aún debes? ¿Cuánto? (Saldo) |
|---|---|---|---|---|---|---|---|
| | | $ | ☐ | ☐ | | | |
| | | $ | ☐ | ☐ | | | |
| | | $ | ☐ | ☐ | | | |
| | | $ | ☐ | ☐ | | | |
| | | $ | ☐ | ☐ | | | |
| | | $ | ☐ | ☐ | | | |
| | | $ | ☐ | ☐ | | | |
| | | $ | ☐ | ☐ | | | |
| | | $ | ☐ | ☐ | | | |
| | | $ | ☐ | ☐ | | | |
| | | $ | ☐ | ☐ | | | |
| | | $ | ☐ | ☐ | | | |
| | | $ | ☐ | ☐ | | | |
| | | $ | ☐ | ☐ | | | |
| | TOTAL | | | | | | |

¿Qué aprendiste sobre tus gastos de vivienda fijos y variables?

¿Dónde puede tu dinero trabajar mejor para ti?

¡Un uso más eficiente del dinero significa más para lo que realmente importa!

## GASTOS DE CUIDADO- Personales, hijos, mascotas

| Fecha | A quién pagaste | Monto | Fijo | Variable | Cuenta pagada de | Método de pago (Automático, Débito, Crédito) | ¿Aún debes? ¿Cuánto? (Saldo) |
|---|---|---|---|---|---|---|---|
| | | $ | ☐ | ☐ | | | |
| | | $ | ☐ | ☐ | | | |
| | | $ | ☐ | ☐ | | | |
| | | $ | ☐ | ☐ | | | |
| | | $ | ☐ | ☐ | | | |
| | | $ | ☐ | ☐ | | | |
| | | $ | ☐ | ☐ | | | |
| | | $ | ☐ | ☐ | | | |
| | | $ | ☐ | ☐ | | | |
| | | $ | ☐ | ☐ | | | |
| | | $ | ☐ | ☐ | | | |
| | | $ | ☐ | ☐ | | | |
| | | $ | ☐ | ☐ | | | |
| | TOTAL | | | | | | |

¿Qué aprendiste sobre tus gastos de vivienda fijos y variables?

¿Dónde puede tu dinero trabajar mejor para ti?

¡Un uso más eficiente del dinero significa más para lo que realmente importa!

## Tus Zonas De Gastos Ocultos

Mes_________________

Semana (círcula) 1 2 3 4 5

La comida, las compras y el entretenimiento son las principales categorías donde suele ocurrir el gasto impulsivo.

Haz seguimiento semanal de estas categorías (y de cualquier otra que sientas que está vaciando tu "cubeta" de dinero) y descubre cuánto más puedes conservar al final del mes.

| COMIDA | | | COMPRAS | | | ENTRETENIMIENTO | | |
|---|---|---|---|---|---|---|---|---|
| Monto $ | Débito* | Crédito* | Monto $ | Débito | Crédito | Monto $ | Débito | Crédito |
| ________ | ☐ | ☐ | ________ | ☐ | ☐ | ________ | ☐ | ☐ |
| ________ | ☐ | ☐ | ________ | ☐ | ☐ | ________ | ☐ | ☐ |
| ________ | ☐ | ☐ | ________ | ☐ | ☐ | ________ | ☐ | ☐ |
| ________ | ☐ | ☐ | ________ | ☐ | ☐ | ________ | ☐ | ☐ |
| ________ | ☐ | ☐ | ________ | ☐ | ☐ | ________ | ☐ | ☐ |
| ________ | ☐ | ☐ | ________ | ☐ | ☐ | ________ | ☐ | ☐ |
| ________ | ☐ | ☐ | ________ | ☐ | ☐ | ________ | ☐ | ☐ |
| ________ | ☐ | ☐ | ________ | ☐ | ☐ | ________ | ☐ | ☐ |
| ________ | ☐ | ☐ | ________ | ☐ | ☐ | ________ | ☐ | ☐ |
| ________ | ☐ | ☐ | ________ | ☐ | ☐ | ________ | ☐ | ☐ |

*Débito: El dinero se descuenta de tu cuenta de inmediato (corriente o de ahorros) cuando lo gastas.

*Crédito: Las compras se suman a un saldo acumulado que debes pagar antes de la fecha de vencimiento para evitar intereses.

# Tus Zonas De Gastos Ocultos

Mes________________

Semana (círcula) 1 2 3 4 5

La comida, las compras y el entretenimiento son las principales categorías donde suele ocurrir el gasto impulsivo.

Haz seguimiento semanal de estas categorías (y de cualquier otra que sientas que está vaciando tu "cubeta" de dinero) y descubre cuánto más puedes conservar al final del mes.

| **COMIDA** | | | **COMPRAS** | | | **ENTRETENIMIENTO** | | |
|---|---|---|---|---|---|---|---|---|
| Monto $ | Débito* | Crédito* | Monto $ | Débito | Crédito | Monto $ | Débito | Crédito |
| ________ | ☐ | ☐ | ________ | ☐ | ☐ | ________ | ☐ | ☐ |
| ________ | ☐ | ☐ | ________ | ☐ | ☐ | ________ | ☐ | ☐ |
| ________ | ☐ | ☐ | ________ | ☐ | ☐ | ________ | ☐ | ☐ |
| ________ | ☐ | ☐ | ________ | ☐ | ☐ | ________ | ☐ | ☐ |
| ________ | ☐ | ☐ | ________ | ☐ | ☐ | ________ | ☐ | ☐ |
| ________ | ☐ | ☐ | ________ | ☐ | ☐ | ________ | ☐ | ☐ |
| ________ | ☐ | ☐ | ________ | ☐ | ☐ | ________ | ☐ | ☐ |
| ________ | ☐ | ☐ | ________ | ☐ | ☐ | ________ | ☐ | ☐ |
| ________ | ☐ | ☐ | ________ | ☐ | ☐ | ________ | ☐ | ☐ |
| ________ | ☐ | ☐ | ________ | ☐ | ☐ | ________ | ☐ | ☐ |

*Débito: El dinero se descuenta de tu cuenta de inmediato (corriente o de ahorros) cuando lo gastas.
*Crédito: Las compras se suman a un saldo acumulado que debes pagar antes de la fecha de vencimiento para evitar intereses.

## Tus Zonas De Gastos Ocultos

Mes__________________

Semana (círcula) 1 2 3 4 5

La comida, las compras y el entretenimiento son las principales categorías donde suele ocurrir el gasto impulsivo.

Haz seguimiento semanal de estas categorías (y de cualquier otra que sientas que está vaciando tu "cubeta" de dinero) y descubre cuánto más puedes conservar al final del mes.

| **COMIDA** | | | **COMPRAS** | | | **ENTRETENIMIENTO** | | |
|---|---|---|---|---|---|---|---|---|
| Monto $ | Débito* | Crédito* | Monto $ | Débito | Crédito | Monto $ | Débito | Crédito |
| ________ | ☐ | ☐ | ________ | ☐ | ☐ | ________ | ☐ | ☐ |
| ________ | ☐ | ☐ | ________ | ☐ | ☐ | ________ | ☐ | ☐ |
| ________ | ☐ | ☐ | ________ | ☐ | ☐ | ________ | ☐ | ☐ |
| ________ | ☐ | ☐ | ________ | ☐ | ☐ | ________ | ☐ | ☐ |
| ________ | ☐ | ☐ | ________ | ☐ | ☐ | ________ | ☐ | ☐ |
| ________ | ☐ | ☐ | ________ | ☐ | ☐ | ________ | ☐ | ☐ |
| ________ | ☐ | ☐ | ________ | ☐ | ☐ | ________ | ☐ | ☐ |
| ________ | ☐ | ☐ | ________ | ☐ | ☐ | ________ | ☐ | ☐ |
| ________ | ☐ | ☐ | ________ | ☐ | ☐ | ________ | ☐ | ☐ |
| ________ | ☐ | ☐ | ________ | ☐ | ☐ | ________ | ☐ | ☐ |

*Débito: El dinero se descuenta de tu cuenta de inmediato (corriente o de ahorros) cuando lo gastas.

*Crédito: Las compras se suman a un saldo acumulado que debes pagar antes de la fecha de vencimiento para evitar intereses.

## Tus Zonas De Gastos Ocultos

Mes________________

Semana (círcula) 1 2 3 4 5

La comida, las compras y el entretenimiento son las principales categorías donde suele ocurrir el gasto impulsivo.

Haz seguimiento semanal de estas categorías (y de cualquier otra que sientas que está vaciando tu "cubeta" de dinero) y descubre cuánto más puedes conservar al final del mes.

| COMIDA | | | COMPRAS | | | ENTRETENIMIENTO | | |
|---|---|---|---|---|---|---|---|---|
| Monto $ | Débito* | Crédito* | Monto $ | Débito | Crédito | Monto $ | Débito | Crédito |
| ________ | ☐ | ☐ | ________ | ☐ | ☐ | ________ | ☐ | ☐ |
| ________ | ☐ | ☐ | ________ | ☐ | ☐ | ________ | ☐ | ☐ |
| ________ | ☐ | ☐ | ________ | ☐ | ☐ | ________ | ☐ | ☐ |
| ________ | ☐ | ☐ | ________ | ☐ | ☐ | ________ | ☐ | ☐ |
| ________ | ☐ | ☐ | ________ | ☐ | ☐ | ________ | ☐ | ☐ |
| ________ | ☐ | ☐ | ________ | ☐ | ☐ | ________ | ☐ | ☐ |
| ________ | ☐ | ☐ | ________ | ☐ | ☐ | ________ | ☐ | ☐ |
| ________ | ☐ | ☐ | ________ | ☐ | ☐ | ________ | ☐ | ☐ |
| ________ | ☐ | ☐ | ________ | ☐ | ☐ | ________ | ☐ | ☐ |
| ________ | ☐ | ☐ | ________ | ☐ | ☐ | ________ | ☐ | ☐ |

*Débito: El dinero se descuenta de tu cuenta de inmediato (corriente o de ahorros) cuando lo gastas.
*Crédito: Las compras se suman a un saldo acumulado que debes pagar antes de la fecha de vencimiento para evitar intereses.

# Registro De Gastos Con Tarjeta De Crédito

Gasta, paga, repite

| Fecha de pago | Nombre de Tarjeta | Cargos | Pagado | ¿El saldo sube o baja? |
|---|---|---|---|---|
| | | | | |
| | | | | |
| | | | | |
| | | | | |
| | | | | |
| | | | | |
| | | | | |
| | | | | |
| | | | | |
| | | | | |
| | | | | |
| | | | | |
| | | | | |
| | | | | |
| | | | | |
| | | | | |
| | | | | |
| | | | | |
| | | | | |
| | | | | |

# NOTAS

# El dinero importa: pieza por pieza

**Ahorra paso a paso, controla tus gastos, elimina tus deudas y fortalece tu crédito- una pieza del rompecabezas a la vez.**

# Calendario de Seguimiento de Facturas

**Mes: ____________________**

| **Lunes** | **Martes** | **Miércoles** | **Jueves** | **Viernes** | **Sábado** | **Domingo** | **Suma Restante** |
|---|---|---|---|---|---|---|---|
| ☐ | ☐ | ☐ | ☐ | ☐ | ☐ | ☐ | |
| ☐ | ☐ | ☐ | ☐ | ☐ | ☐ | ☐ | |
| ☐ | ☐ | ☐ | ☐ | ☐ | ☐ | ☐ | |
| ☐ | ☐ | ☐ | ☐ | ☐ | ☐ | ☐ | |
| ☐ | ☐ | ☐ | ☐ | ☐ | ☐ | ☐ | |

## Instrucciones

1. Anota tu ingreso neto en los días de pago.
2. Registra las facturas en sus fechas de vencimiento.
3. Anota otros gastos de este mes (seguro, días festivos, regalos).
4. Da seguimiento a la suma restante cada semana.
5. Si la suma es positiva, pásala a la siguiente semana.
6. Si es negativa, usa dinero de otra categoría.

**Registro Mensual De Facturas** **MES**____________________

Fijo: Los gastos que no cambian de un mes a otro
Variable: Los gastos que cambian de un mes a otro **INGRESO NETO**____________________

## VIVIENDA

| Fecha | A quién pagaste | Monto | Fijo | Variable | Cuenta pagada de | Método de pago (Automático, Débito, Crédito) | ¿Aún debes? ¿Cuánto? (Saldo) |
|---|---|---|---|---|---|---|---|
| | | $ | ☐ | ☐ | | | |
| | | $ | ☐ | ☐ | | | |
| | | $ | ☐ | ☐ | | | |
| | | $ | ☐ | ☐ | | | |
| | | $ | ☐ | ☐ | | | |
| | | $ | ☐ | ☐ | | | |
| | | $ | ☐ | ☐ | | | |
| | | $ | ☐ | ☐ | | | |
| | | $ | ☐ | ☐ | | | |
| | | $ | ☐ | ☐ | | | |
| | | $ | ☐ | ☐ | | | |
| | | $ | ☐ | ☐ | | | |
| | | $ | ☐ | ☐ | | | |
| | | $ | ☐ | ☐ | | | |
| | TOTAL | | | | | | |

**¿Qué aprendiste sobre tus gastos de vivienda fijos y variables?** ____________________

**¿Dónde puede tu dinero trabajar mejor para ti?** ____________________

**¡Un uso más eficiente del dinero significa más para lo que realmente importa!**

## TRANSPORTE

| Fecha | A quién pagaste | Monto | Fijo | Variable | Cuenta pagada de | Método de pago (Automático, Débito, Crédito) | ¿Aún debes? ¿Cuánto? (Saldo) |
|---|---|---|---|---|---|---|---|
| | | $ | ☐ | ☐ | | | |
| | | $ | ☐ | ☐ | | | |
| | | $ | ☐ | ☐ | | | |
| | | $ | ☐ | ☐ | | | |
| | | $ | ☐ | ☐ | | | |
| | | $ | ☐ | ☐ | | | |
| | | $ | ☐ | ☐ | | | |
| | | $ | ☐ | ☐ | | | |
| | | $ | ☐ | ☐ | | | |
| | | $ | ☐ | ☐ | | | |
| | | $ | ☐ | ☐ | | | |
| | | $ | ☐ | ☐ | | | |
| | TOTAL | | | | | | |

**¿Qué aprendiste sobre tus gastos de vivienda fijos y variables?** ____________________

**¿Dónde puede tu dinero trabajar mejor para ti?** ____________________

**¡Un uso más eficiente del dinero significa más para lo que realmente importa!**

Registro Mensual De Facturas

MES____________________________

Fijo: Los gastos que no cambian de un mes a otro

Variable: Los gastos que cambian de un mes a otro

INGRESO NETO ________________________

## MÍNIMOS DE DEUDA- Lo necesario para mantener la deuda al corriente

| Fecha | A quién pagaste | Monto | Fijo | Variable | Cuenta pagada de | Método de pago (Automático, Débito, Crédito) | ¿Aún debes? ¿Cuánto? (Saldo) |
|---|---|---|---|---|---|---|---|
| | | $ | ☐ | ☐ | | | |
| | | $ | ☐ | ☐ | | | |
| | | $ | ☐ | ☐ | | | |
| | | $ | ☐ | ☐ | | | |
| | | $ | ☐ | ☐ | | | |
| | | $ | ☐ | ☐ | | | |
| | | $ | ☐ | ☐ | | | |
| | | $ | ☐ | ☐ | | | |
| | | $ | ☐ | ☐ | | | |
| | | $ | ☐ | ☐ | | | |
| | | $ | ☐ | ☐ | | | |
| | | $ | ☐ | ☐ | | | |
| | | $ | ☐ | ☐ | | | |
| | | $ | ☐ | ☐ | | | |
| | TOTAL | ________ | | | | | |

¿Qué aprendiste sobre tus gastos de vivienda fijos y variables? ____________________________

¿Dónde puede tu dinero trabajar mejor para ti? ____________________________

¡Un uso más eficiente del dinero significa más para lo que realmente importa!

## GASTOS DE CUIDADO- Personales, hijos, mascotas

| Fecha | A quién pagaste | Monto | Fijo | Variable | Cuenta pagada de | Método de pago (Automático, Débito, Crédito) | ¿Aún debes? ¿Cuánto? (Saldo) |
|---|---|---|---|---|---|---|---|
| | | $ | ☐ | ☐ | | | |
| | | $ | ☐ | ☐ | | | |
| | | $ | ☐ | ☐ | | | |
| | | $ | ☐ | ☐ | | | |
| | | $ | ☐ | ☐ | | | |
| | | $ | ☐ | ☐ | | | |
| | | $ | ☐ | ☐ | | | |
| | | $ | ☐ | ☐ | | | |
| | | $ | ☐ | ☐ | | | |
| | | $ | ☐ | ☐ | | | |
| | | $ | ☐ | ☐ | | | |
| | | $ | ☐ | ☐ | | | |
| | | $ | ☐ | ☐ | | | |
| | TOTAL | ________ | | | | | |

¿Qué aprendiste sobre tus gastos de vivienda fijos y variables? ____________________________

¿Dónde puede tu dinero trabajar mejor para ti? ____________________________

¡Un uso más eficiente del dinero significa más para lo que realmente importa!

## Tus Zonas De Gastos Ocultos

Mes__________________

Semana (círcula) 1 2 3 4 5

La comida, las compras y el entretenimiento son las principales categorías donde suele ocurrir el gasto impulsivo.

Haz seguimiento semanal de estas categorías (y de cualquier otra que sientas que está vaciando tu "cubeta" de dinero) y descubre cuánto más puedes conservar al final del mes.

| COMIDA | | | COMPRAS | | | ENTRETENIMIENTO | | |
|---|---|---|---|---|---|---|---|---|
| Monto $ | Débito* | Crédito* | Monto $ | Débito | Crédito | Monto $ | Débito | Crédito |
| ________ | ☐ | ☐ | ________ | ☐ | ☐ | ________ | ☐ | ☐ |
| ________ | ☐ | ☐ | ________ | ☐ | ☐ | ________ | ☐ | ☐ |
| ________ | ☐ | ☐ | ________ | ☐ | ☐ | ________ | ☐ | ☐ |
| ________ | ☐ | ☐ | ________ | ☐ | ☐ | ________ | ☐ | ☐ |
| ________ | ☐ | ☐ | ________ | ☐ | ☐ | ________ | ☐ | ☐ |
| ________ | ☐ | ☐ | ________ | ☐ | ☐ | ________ | ☐ | ☐ |
| ________ | ☐ | ☐ | ________ | ☐ | ☐ | ________ | ☐ | ☐ |
| ________ | ☐ | ☐ | ________ | ☐ | ☐ | ________ | ☐ | ☐ |
| ________ | ☐ | ☐ | ________ | ☐ | ☐ | ________ | ☐ | ☐ |
| ________ | ☐ | ☐ | ________ | ☐ | ☐ | ________ | ☐ | ☐ |

*Débito: El dinero se descuenta de tu cuenta de inmediato (corriente o de ahorros) cuando lo gastas.
*Crédito: Las compras se suman a un saldo acumulado que debes pagar antes de la fecha de vencimiento para evitar intereses.

## Tus Zonas De Gastos Ocultos

Mes________________

Semana (círcula) 1 2 3 4 5

La comida, las compras y el entretenimiento son las principales categorías donde suele ocurrir el gasto impulsivo.

Haz seguimiento semanal de estas categorías (y de cualquier otra que sientas que está vaciando tu “cubeta” de dinero) y descubre cuánto más puedes conservar al final del mes.

| **COMIDA** | | | **COMPRAS** | | | **ENTRETENIMIENTO** | | |
|---|---|---|---|---|---|---|---|---|
| Monto $ | Débito* | Crédito* | Monto $ | Débito | Crédito | Monto $ | Débito | Crédito |
| ________ | ☐ | ☐ | ________ | ☐ | ☐ | ________ | ☐ | ☐ |
| ________ | ☐ | ☐ | ________ | ☐ | ☐ | ________ | ☐ | ☐ |
| ________ | ☐ | ☐ | ________ | ☐ | ☐ | ________ | ☐ | ☐ |
| ________ | ☐ | ☐ | ________ | ☐ | ☐ | ________ | ☐ | ☐ |
| ________ | ☐ | ☐ | ________ | ☐ | ☐ | ________ | ☐ | ☐ |
| ________ | ☐ | ☐ | ________ | ☐ | ☐ | ________ | ☐ | ☐ |
| ________ | ☐ | ☐ | ________ | ☐ | ☐ | ________ | ☐ | ☐ |
| ________ | ☐ | ☐ | ________ | ☐ | ☐ | ________ | ☐ | ☐ |
| ________ | ☐ | ☐ | ________ | ☐ | ☐ | ________ | ☐ | ☐ |
| ________ | ☐ | ☐ | ________ | ☐ | ☐ | ________ | ☐ | ☐ |

*Débito: El dinero se descuenta de tu cuenta de inmediato (corriente o de ahorros) cuando lo gastas.
*Crédito: Las compras se suman a un saldo acumulado que debes pagar antes de la fecha de vencimiento para evitar intereses.

## Tus Zonas De Gastos Ocultos

Mes________________

Semana (círcula) 1 2 3 4 5

La comida, las compras y el entretenimiento son las principales categorías donde suele ocurrir el gasto impulsivo.

Haz seguimiento semanal de estas categorías (y de cualquier otra que sientas que está vaciando tu "cubeta" de dinero) y descubre cuánto más puedes conservar al final del mes.

| **COMIDA** | | | **COMPRAS** | | | **ENTRETENIMIENTO** | | |
|---|---|---|---|---|---|---|---|---|
| Monto $ | Débito* | Crédito* | Monto $ | Débito | Crédito | Monto $ | Débito | Crédito |
| ________ | ☐ | ☐ | ________ | ☐ | ☐ | ________ | ☐ | ☐ |
| ________ | ☐ | ☐ | ________ | ☐ | ☐ | ________ | ☐ | ☐ |
| ________ | ☐ | ☐ | ________ | ☐ | ☐ | ________ | ☐ | ☐ |
| ________ | ☐ | ☐ | ________ | ☐ | ☐ | ________ | ☐ | ☐ |
| ________ | ☐ | ☐ | ________ | ☐ | ☐ | ________ | ☐ | ☐ |
| ________ | ☐ | ☐ | ________ | ☐ | ☐ | ________ | ☐ | ☐ |
| ________ | ☐ | ☐ | ________ | ☐ | ☐ | ________ | ☐ | ☐ |
| ________ | ☐ | ☐ | ________ | ☐ | ☐ | ________ | ☐ | ☐ |
| ________ | ☐ | ☐ | ________ | ☐ | ☐ | ________ | ☐ | ☐ |
| ________ | ☐ | ☐ | ________ | ☐ | ☐ | ________ | ☐ | ☐ |

*Débito: El dinero se descuenta de tu cuenta de inmediato (corriente o de ahorros) cuando lo gastas.
*Crédito: Las compras se suman a un saldo acumulado que debes pagar antes de la fecha de vencimiento para evitar intereses.

# Tus Zonas De Gastos Ocultos

Mes________________

Semana (círcula) 1 2 3 4 5

La comida, las compras y el entretenimiento son las principales categorías donde suele ocurrir el gasto impulsivo.

Haz seguimiento semanal de estas categorías (y de cualquier otra que sientas que está vaciando tu "cubeta" de dinero) y descubre cuánto más puedes conservar al final del mes.

| **COMIDA** | | | **COMPRAS** | | | **ENTRETENIMIENTO** | | |
|---|---|---|---|---|---|---|---|---|
| Monto $ | Débito* | Crédito* | Monto $ | Débito | Crédito | Monto $ | Débito | Crédito |
| ________ | ☐ | ☐ | ________ | ☐ | ☐ | ________ | ☐ | ☐ |
| ________ | ☐ | ☐ | ________ | ☐ | ☐ | ________ | ☐ | ☐ |
| ________ | ☐ | ☐ | ________ | ☐ | ☐ | ________ | ☐ | ☐ |
| ________ | ☐ | ☐ | ________ | ☐ | ☐ | ________ | ☐ | ☐ |
| ________ | ☐ | ☐ | ________ | ☐ | ☐ | ________ | ☐ | ☐ |
| ________ | ☐ | ☐ | ________ | ☐ | ☐ | ________ | ☐ | ☐ |
| ________ | ☐ | ☐ | ________ | ☐ | ☐ | ________ | ☐ | ☐ |
| ________ | ☐ | ☐ | ________ | ☐ | ☐ | ________ | ☐ | ☐ |
| ________ | ☐ | ☐ | ________ | ☐ | ☐ | ________ | ☐ | ☐ |
| ________ | ☐ | ☐ | ________ | ☐ | ☐ | ________ | ☐ | ☐ |

*Débito: El dinero se descuenta de tu cuenta de inmediato (corriente o de ahorros) cuando lo gastas.
*Crédito: Las compras se suman a un saldo acumulado que debes pagar antes de la fecha de vencimiento para evitar intereses.

# Registro De Gastos Con Tarjeta De Crédito

Gasta, paga, repite

| Fecha de pago | Nombre de Tarjeta | Cargos | Pagado | ¿El saldo sube o baja? |
|---|---|---|---|---|
| | | | | |
| | | | | |
| | | | | |
| | | | | |
| | | | | |
| | | | | |
| | | | | |
| | | | | |
| | | | | |
| | | | | |
| | | | | |
| | | | | |
| | | | | |
| | | | | |
| | | | | |
| | | | | |
| | | | | |
| | | | | |
| | | | | |
| | | | | |

# NOTAS

# Querido Yo Del Futuro

**SOBRE ESTA CARTA:**

Tómate un momento para escribir una carta a tu yo del futuro, alguien que está un año más adelante en su camino financiero. Mucho puede cambiar en un año. Esta carta es un recordatorio de que el progreso es posible, incluso dando pequeños pasos a la vez.

- ¿De qué hábitos te sentirás orgulloso/a?
- ¿Que desafios has superado?
- ¿Cómo se siente la vida ahora que el dinero ya no es tan estresante?

# Reenfócate, Reflexiona y Anota

Usa este espacio para capturar tus pensamientos, metas o momentos de claridad:

"El dinero es solo una herramienta. Te llevará a donde quieras, pero no te reemplazará como conductor."

– Ayn Rand

https://achievefinance.podia.com

# Calendario de Seguimiento de Facturas

**Mes:** ____________________

| Lunes | Martes | Miércoles | Jueves | Viernes | Sábado | Domingo | Suma Restante |
|---|---|---|---|---|---|---|---|
| ☐ | ☐ | ☐ | ☐ | ☐ | ☐ | ☐ | |
| ☐ | ☐ | ☐ | ☐ | ☐ | ☐ | ☐ | |
| ☐ | ☐ | ☐ | ☐ | ☐ | ☐ | ☐ | |
| ☐ | ☐ | ☐ | ☐ | ☐ | ☐ | ☐ | |
| ☐ | ☐ | ☐ | ☐ | ☐ | ☐ | ☐ | |

## Instrucciones

1. Anota tu ingreso neto en los días de pago.
2. Registra las facturas en sus fechas de vencimiento.
3. Anota otros gastos de este mes (seguro, días festivos, regalos).
4. Da seguimiento a la suma restante cada semana.
5. Si la suma es positiva, pásala a la siguiente semana.
6. Si es negativa, usa dinero de otra categoría.

**Registro Mensual De Facturas** | **MES**___________________________

Fijo: Los gastos que no cambian de un mes a otro

Variable: Los gastos que cambian de un mes a otro

**INGRESO NETO**______________________

## VIVIENDA

| Fecha | A quién pagaste | Monto | Fijo | Variable | Cuenta pagada de | Método de pago (Automático, Débito, Crédito) | ¿Aún debes? ¿Cuánto? (Saldo) |
|---|---|---|---|---|---|---|---|
| | | $ | ☐ | ☐ | | | |
| | | $ | ☐ | ☐ | | | |
| | | $ | ☐ | ☐ | | | |
| | | $ | ☐ | ☐ | | | |
| | | $ | ☐ | ☐ | | | |
| | | $ | ☐ | ☐ | | | |
| | | $ | ☐ | ☐ | | | |
| | | $ | ☐ | ☐ | | | |
| | | $ | ☐ | ☐ | | | |
| | | $ | ☐ | ☐ | | | |
| | | $ | ☐ | ☐ | | | |
| | | $ | ☐ | ☐ | | | |
| | | $ | ☐ | ☐ | | | |
| | | $ | ☐ | ☐ | | | |
| | **TOTAL** | | | | | | |

**¿Qué aprendiste sobre tus gastos de vivienda fijos y variables?** ______________________

**¿Dónde puede tu dinero trabajar mejor para ti?** ______________________

**¡Un uso más eficiente del dinero significa más para lo que realmente importa!**

## TRANSPORTE

| Fecha | A quién pagaste | Monto | Fijo | Variable | Cuenta pagada de | Método de pago (Automático, Débito, Crédito) | ¿Aún debes? ¿Cuánto? (Saldo) |
|---|---|---|---|---|---|---|---|
| | | $ | ☐ | ☐ | | | |
| | | $ | ☐ | ☐ | | | |
| | | $ | ☐ | ☐ | | | |
| | | $ | ☐ | ☐ | | | |
| | | $ | ☐ | ☐ | | | |
| | | $ | ☐ | ☐ | | | |
| | | $ | ☐ | ☐ | | | |
| | | $ | ☐ | ☐ | | | |
| | | $ | ☐ | ☐ | | | |
| | | $ | ☐ | ☐ | | | |
| | | $ | ☐ | ☐ | | | |
| | | $ | ☐ | ☐ | | | |
| | **TOTAL** | | | | | | |

**¿Qué aprendiste sobre tus gastos de vivienda fijos y variables?** ______________________

**¿Dónde puede tu dinero trabajar mejor para ti?** ______________________

**¡Un uso más eficiente del dinero significa más para lo que realmente importa!**

Registro Mensual De Facturas — MES________________________

Fijo: Los gastos que no cambian de un mes a otro
Variable: Los gastos que cambian de un mes a otro — INGRESO NETO ____________________

## MÍNIMOS DE DEUDA- Lo necesario para mantener la deuda al corriente

| Fecha | A quién pagaste | Monto | Fijo | Variable | Cuenta pagada de | Método de pago (Automático, Débito, Crédito) | ¿Aún debes? ¿Cuánto? (Saldo) |
|---|---|---|---|---|---|---|---|
| | | $ | ☐ | ☐ | | | |
| | | $ | ☐ | ☐ | | | |
| | | $ | ☐ | ☐ | | | |
| | | $ | ☐ | ☐ | | | |
| | | $ | ☐ | ☐ | | | |
| | | $ | ☐ | ☐ | | | |
| | | $ | ☐ | ☐ | | | |
| | | $ | ☐ | ☐ | | | |
| | | $ | ☐ | ☐ | | | |
| | | $ | ☐ | ☐ | | | |
| | | $ | ☐ | ☐ | | | |
| | | $ | ☐ | ☐ | | | |
| | | $ | ☐ | ☐ | | | |
| | | $ | ☐ | ☐ | | | |
| | TOTAL | | | | | | |

¿Qué aprendiste sobre tus gastos de vivienda fijos y variables? ____________________

¿Dónde puede tu dinero trabajar mejor para ti? ____________________

¡Un uso más eficiente del dinero significa más para lo que realmente importa!

## GASTOS DE CUIDADO- Personales, hijos, mascotas

| Fecha | A quién pagaste | Monto | Fijo | Variable | Cuenta pagada de | Método de pago (Automático, Débito, Crédito) | ¿Aún debes? ¿Cuánto? (Saldo) |
|---|---|---|---|---|---|---|---|
| | | $ | ☐ | ☐ | | | |
| | | $ | ☐ | ☐ | | | |
| | | $ | ☐ | ☐ | | | |
| | | $ | ☐ | ☐ | | | |
| | | $ | ☐ | ☐ | | | |
| | | $ | ☐ | ☐ | | | |
| | | $ | ☐ | ☐ | | | |
| | | $ | ☐ | ☐ | | | |
| | | $ | ☐ | ☐ | | | |
| | | $ | ☐ | ☐ | | | |
| | | $ | ☐ | ☐ | | | |
| | | $ | ☐ | ☐ | | | |
| | | $ | ☐ | ☐ | | | |
| | TOTAL | | | | | | |

¿Qué aprendiste sobre tus gastos de vivienda fijos y variables? ____________________

¿Dónde puede tu dinero trabajar mejor para ti? ____________________

¡Un uso más eficiente del dinero significa más para lo que realmente importa!

# Tus Zonas De Gastos Ocultos

Mes__________________

Semana (círcula) 1 2 3 4 5

La comida, las compras y el entretenimiento son las principales categorías donde suele ocurrir el gasto impulsivo.

Haz seguimiento semanal de estas categorías (y de cualquier otra que sientas que está vaciando tu “cubeta” de dinero) y descubre cuánto más puedes conservar al final del mes.

| **COMIDA** | | | **COMPRAS** | | | **ENTRETENIMIENTO** | | |
|---|---|---|---|---|---|---|---|---|
| Monto $ | Débito* | Crédito* | Monto $ | Débito | Crédito | Monto $ | Débito | Crédito |
| ________ | ☐ | ☐ | ________ | ☐ | ☐ | ________ | ☐ | ☐ |
| ________ | ☐ | ☐ | ________ | ☐ | ☐ | ________ | ☐ | ☐ |
| ________ | ☐ | ☐ | ________ | ☐ | ☐ | ________ | ☐ | ☐ |
| ________ | ☐ | ☐ | ________ | ☐ | ☐ | ________ | ☐ | ☐ |
| ________ | ☐ | ☐ | ________ | ☐ | ☐ | ________ | ☐ | ☐ |
| ________ | ☐ | ☐ | ________ | ☐ | ☐ | ________ | ☐ | ☐ |
| ________ | ☐ | ☐ | ________ | ☐ | ☐ | ________ | ☐ | ☐ |
| ________ | ☐ | ☐ | ________ | ☐ | ☐ | ________ | ☐ | ☐ |
| ________ | ☐ | ☐ | ________ | ☐ | ☐ | ________ | ☐ | ☐ |
| ________ | ☐ | ☐ | ________ | ☐ | ☐ | ________ | ☐ | ☐ |

*Débito: El dinero se descuenta de tu cuenta de inmediato (corriente o de ahorros) cuando lo gastas.

*Crédito: Las compras se suman a un saldo acumulado que debes pagar antes de la fecha de vencimiento para evitar intereses.

# Reenfócate, Reflexiona y Anota

Usa este espacio para capturar tus pensamientos, metas o momentos de claridad:

"Todo lo que necesitas es amor. Pero un poco de chocolate de vez en cuando no hace daño."

– Charles M. Schulz

## Tus Zonas De Gastos Ocultos

Mes____________________

Semana (círcula) 1 2 3 4 5

La comida, las compras y el entretenimiento son las principales categorías donde suele ocurrir el gasto impulsivo.

Haz seguimiento semanal de estas categorías (y de cualquier otra que sientas que está vaciando tu "cubeta" de dinero) y descubre cuánto más puedes conservar al final del mes.

| **COMIDA** | | | **COMPRAS** | | | **ENTRETENIMIENTO** | | |
|---|---|---|---|---|---|---|---|---|
| Monto $ | Débito* | Crédito* | Monto $ | Débito | Crédito | Monto $ | Débito | Crédito |
| ________ | ☐ | ☐ | ________ | ☐ | ☐ | ________ | ☐ | ☐ |
| ________ | ☐ | ☐ | ________ | ☐ | ☐ | ________ | ☐ | ☐ |
| ________ | ☐ | ☐ | ________ | ☐ | ☐ | ________ | ☐ | ☐ |
| ________ | ☐ | ☐ | ________ | ☐ | ☐ | ________ | ☐ | ☐ |
| ________ | ☐ | ☐ | ________ | ☐ | ☐ | ________ | ☐ | ☐ |
| ________ | ☐ | ☐ | ________ | ☐ | ☐ | ________ | ☐ | ☐ |
| ________ | ☐ | ☐ | ________ | ☐ | ☐ | ________ | ☐ | ☐ |
| ________ | ☐ | ☐ | ________ | ☐ | ☐ | ________ | ☐ | ☐ |
| ________ | ☐ | ☐ | ________ | ☐ | ☐ | ________ | ☐ | ☐ |
| ________ | ☐ | ☐ | ________ | ☐ | ☐ | ________ | ☐ | ☐ |

*Débito: El dinero se descuenta de tu cuenta de inmediato (corriente o de ahorros) cuando lo gastas.

*Crédito: Las compras se suman a un saldo acumulado que debes pagar antes de la fecha de vencimiento para evitar intereses.

# Tus Zonas De Gastos Ocultos

Mes________________

Semana (círcula) 1 2 3 4 5

La comida, las compras y el entretenimiento son las principales categorías donde suele ocurrir el gasto impulsivo.

Haz seguimiento semanal de estas categorías (y de cualquier otra que sientas que está vaciando tu "cubeta" de dinero) y descubre cuánto más puedes conservar al final del mes.

| **COMIDA** | | | **COMPRAS** | | | **ENTRETENIMIENTO** | | |
|---|---|---|---|---|---|---|---|---|
| Monto $ | Débito* | Crédito* | Monto $ | Débito | Crédito | Monto $ | Débito | Crédito |
| ________ | ☐ | ☐ | ________ | ☐ | ☐ | ________ | ☐ | ☐ |
| ________ | ☐ | ☐ | ________ | ☐ | ☐ | ________ | ☐ | ☐ |
| ________ | ☐ | ☐ | ________ | ☐ | ☐ | ________ | ☐ | ☐ |
| ________ | ☐ | ☐ | ________ | ☐ | ☐ | ________ | ☐ | ☐ |
| ________ | ☐ | ☐ | ________ | ☐ | ☐ | ________ | ☐ | ☐ |
| ________ | ☐ | ☐ | ________ | ☐ | ☐ | ________ | ☐ | ☐ |
| ________ | ☐ | ☐ | ________ | ☐ | ☐ | ________ | ☐ | ☐ |
| ________ | ☐ | ☐ | ________ | ☐ | ☐ | ________ | ☐ | ☐ |
| ________ | ☐ | ☐ | ________ | ☐ | ☐ | ________ | ☐ | ☐ |
| ________ | ☐ | ☐ | ________ | ☐ | ☐ | ________ | ☐ | ☐ |

*Débito: El dinero se descuenta de tu cuenta de inmediato (corriente o de ahorros) cuando lo gastas.
*Crédito: Las compras se suman a un saldo acumulado que debes pagar antes de la fecha de vencimiento para evitar intereses.

# Registro De Gastos Con Tarjeta De Crédito

Gasta, paga, repite

| Fecha de pago | Nombre de Tarjeta | Cargos | Pagado | ¿El saldo sube o baja? |
|---|---|---|---|---|
| | | | | |
| | | | | |
| | | | | |
| | | | | |
| | | | | |
| | | | | |
| | | | | |
| | | | | |
| | | | | |
| | | | | |
| | | | | |
| | | | | |
| | | | | |
| | | | | |
| | | | | |
| | | | | |
| | | | | |
| | | | | |
| | | | | |
| | | | | |

# Registra y Enfrenta Tus Deudas

**Reduce tus deudas, un mes a la vez**

Usa esta tabla para listar tus deudas, dar seguimiento a tus pagos mínimos y pagos extra, y ver cómo tus saldos disminuyen. Ver tu progreso mes a mes te ayuda a mantenerte motivado/a y enfocado/a. ¡Cada dólar adicional te acerca un paso más a la libertad financiera—sigue adelante!

| | Préstamo ________ | Préstamo ________ | Préstamo ________ | Préstamo ________ | Préstamo ________ | Préstamo ________ |
|---|---|---|---|---|---|---|
| Saldo Inicial | | | | | | |
| Pago mínimo | | | | | | |
| Pago extra (elige una deuda para enfocarte) | | | | | | |
| Mes ________ | | | | | | |
| Mes ________ | | | | | | |
| Mes ________ | | | | | | |
| Total Pagado | | | | | | |
| ¡Deuda pagada! | | | | | | |

**Bola de nieve vs. avalancha: ¿cuál es la diferencia?**

**Ambos son métodos populares para pagar deudas, pero utilizan estrategias distintas para mantenerte motivado/a:**

**Bola de nieve**

**Enfócate primero en la deuda con el saldo más pequeño**

**→ Haz los pagos mínimos en las demás**

**→ Destina todo el dinero extra a la deuda más pequeña**

**✓ ¡Los logros rápidos generan confianza y motivación!**

**Avalancha**

**Enfócate primero en la deuda con la tasa de interés más alta**

**→ Paga los mínimos en las demás**

**→ Destina todo el dinero extra a la deuda con mayor interés**

**✓ Ahorra más dinero a largo plazo**

# Reenfócate, Reflexiona y Anota

Usa este espacio para capturar tus pensamientos, metas o momentos de claridad:

"Todo lo que necesitas es amor. Pero un poco de chocolate de vez en cuando no hace daño."
– Charles M. Schulz

https://achievefinance.podia.com

# Calendario de Seguimiento de Facturas

**Mes:** ____________________

| Lunes | Martes | Miércoles | Jueves | Viernes | Sábado | Domingo | Suma Restante |
|---|---|---|---|---|---|---|---|
| ☐ | ☐ | ☐ | ☐ | ☐ | ☐ | ☐ | |
| ☐ | ☐ | ☐ | ☐ | ☐ | ☐ | ☐ | |
| ☐ | ☐ | ☐ | ☐ | ☐ | ☐ | ☐ | |
| ☐ | ☐ | ☐ | ☐ | ☐ | ☐ | ☐ | |
| ☐ | ☐ | ☐ | ☐ | ☐ | ☐ | ☐ | |

## Instrucciones

1. Anota tu ingreso neto en los días de pago.
2. Registra las facturas en sus fechas de vencimiento.
3. Anota otros gastos de este mes (seguro, días festivos, regalos).
4. Da seguimiento a la suma restante cada semana.
5. Si la suma es positiva, pásala a la siguiente semana.
6. Si es negativa, usa dinero de otra categoría.

**Registro Mensual De Facturas** | **MES**________________________

Fijo: Los gastos que no cambian de un mes a otro

Variable: Los gastos que cambian de un mes a otro

**INGRESO NETO**________________________

## VIVIENDA

| Fecha | A quién pagaste | Monto | Fijo | Variable | Cuenta pagada de | Método de pago (Automático, Débito, Crédito) | ¿Aún debes? ¿Cuánto? (Saldo) |
|---|---|---|---|---|---|---|---|
| | | $ | ☐ | ☐ | | | |
| | | $ | ☐ | ☐ | | | |
| | | $ | ☐ | ☐ | | | |
| | | $ | ☐ | ☐ | | | |
| | | $ | ☐ | ☐ | | | |
| | | $ | ☐ | ☐ | | | |
| | | $ | ☐ | ☐ | | | |
| | | $ | ☐ | ☐ | | | |
| | | $ | ☐ | ☐ | | | |
| | | $ | ☐ | ☐ | | | |
| | | $ | ☐ | ☐ | | | |
| | | $ | ☐ | ☐ | | | |
| | | $ | ☐ | ☐ | | | |
| | | $ | ☐ | ☐ | | | |
| | **TOTAL** | | | | | | |

**¿Qué aprendiste sobre tus gastos de vivienda fijos y variables?**

**¿Dónde puede tu dinero trabajar mejor para ti?**

**¡Un uso más eficiente del dinero significa más para lo que realmente importa!**

## TRANSPORTE

| Fecha | A quién pagaste | Monto | Fijo | Variable | Cuenta pagada de | Método de pago (Automático, Débito, Crédito) | ¿Aún debes? ¿Cuánto? (Saldo) |
|---|---|---|---|---|---|---|---|
| | | $ | ☐ | ☐ | | | |
| | | $ | ☐ | ☐ | | | |
| | | $ | ☐ | ☐ | | | |
| | | $ | ☐ | ☐ | | | |
| | | $ | ☐ | ☐ | | | |
| | | $ | ☐ | ☐ | | | |
| | | $ | ☐ | ☐ | | | |
| | | $ | ☐ | ☐ | | | |
| | | $ | ☐ | ☐ | | | |
| | | $ | ☐ | ☐ | | | |
| | | $ | ☐ | ☐ | | | |
| | | $ | ☐ | ☐ | | | |
| | **TOTAL** | | | | | | |

**¿Qué aprendiste sobre tus gastos de vivienda fijos y variables?**

**¿Dónde puede tu dinero trabajar mejor para ti?**

**¡Un uso más eficiente del dinero significa más para lo que realmente importa!**

Registro Mensual De Facturas

MES________________________

Fijo: Los gastos que no cambian de un mes a otro

Variable: Los gastos que cambian de un mes a otro

INGRESO NETO ______________________

## MÍNIMOS DE DEUDA- Lo necesario para mantener la deuda al corriente

| Fecha | A quién pagaste | Monto | Fijo | Variable | Cuenta pagada de | Método de pago (Automático, Débito, Crédito) | ¿Aún debes? ¿Cuánto? (Saldo) |
|---|---|---|---|---|---|---|---|
| | | $ | ☐ | ☐ | | | |
| | | $ | ☐ | ☐ | | | |
| | | $ | ☐ | ☐ | | | |
| | | $ | ☐ | ☐ | | | |
| | | $ | ☐ | ☐ | | | |
| | | $ | ☐ | ☐ | | | |
| | | $ | ☐ | ☐ | | | |
| | | $ | ☐ | ☐ | | | |
| | | $ | ☐ | ☐ | | | |
| | | $ | ☐ | ☐ | | | |
| | | $ | ☐ | ☐ | | | |
| | | $ | ☐ | ☐ | | | |
| | | $ | ☐ | ☐ | | | |
| | | $ | ☐ | ☐ | | | |
| | TOTAL | ________ | | | | | |

¿Qué aprendiste sobre tus gastos de vivienda fijos y variables? ________________________

¿Dónde puede tu dinero trabajar mejor para ti? ________________________

¡Un uso más eficiente del dinero significa más para lo que realmente importa!

## GASTOS DE CUIDADO- Personales, hijos, mascotas

| Fecha | A quién pagaste | Monto | Fijo | Variable | Cuenta pagada de | Método de pago (Automático, Débito, Crédito) | ¿Aún debes? ¿Cuánto? (Saldo) |
|---|---|---|---|---|---|---|---|
| | | $ | ☐ | ☐ | | | |
| | | $ | ☐ | ☐ | | | |
| | | $ | ☐ | ☐ | | | |
| | | $ | ☐ | ☐ | | | |
| | | $ | ☐ | ☐ | | | |
| | | $ | ☐ | ☐ | | | |
| | | $ | ☐ | ☐ | | | |
| | | $ | ☐ | ☐ | | | |
| | | $ | ☐ | ☐ | | | |
| | | $ | ☐ | ☐ | | | |
| | | $ | ☐ | ☐ | | | |
| | | $ | ☐ | ☐ | | | |
| | | $ | ☐ | ☐ | | | |
| | TOTAL | ________ | | | | | |

¿Qué aprendiste sobre tus gastos de vivienda fijos y variables? ________________________

¿Dónde puede tu dinero trabajar mejor para ti? ________________________

¡Un uso más eficiente del dinero significa más para lo que realmente importa!

## Tus Zonas De Gastos Ocultos

Mes________________

Semana (círcula) 1 2 3 4 5

La comida, las compras y el entretenimiento son las principales categorías donde suele ocurrir el gasto impulsivo.

Haz seguimiento semanal de estas categorías (y de cualquier otra que sientas que está vaciando tu "cubeta" de dinero) y descubre cuánto más puedes conservar al final del mes.

| COMIDA | | | COMPRAS | | | ENTRETENIMIENTO | | |
|---|---|---|---|---|---|---|---|---|
| Monto $ | Débito* | Crédito* | Monto $ | Débito | Crédito | Monto $ | Débito | Crédito |
| ________ | ☐ | ☐ | ________ | ☐ | ☐ | ________ | ☐ | ☐ |
| ________ | ☐ | ☐ | ________ | ☐ | ☐ | ________ | ☐ | ☐ |
| ________ | ☐ | ☐ | ________ | ☐ | ☐ | ________ | ☐ | ☐ |
| ________ | ☐ | ☐ | ________ | ☐ | ☐ | ________ | ☐ | ☐ |
| ________ | ☐ | ☐ | ________ | ☐ | ☐ | ________ | ☐ | ☐ |
| ________ | ☐ | ☐ | ________ | ☐ | ☐ | ________ | ☐ | ☐ |
| ________ | ☐ | ☐ | ________ | ☐ | ☐ | ________ | ☐ | ☐ |
| ________ | ☐ | ☐ | ________ | ☐ | ☐ | ________ | ☐ | ☐ |
| ________ | ☐ | ☐ | ________ | ☐ | ☐ | ________ | ☐ | ☐ |
| ________ | ☐ | ☐ | ________ | ☐ | ☐ | ________ | ☐ | ☐ |

*Débito: El dinero se descuenta de tu cuenta de inmediato (corriente o de ahorros) cuando lo gastas.

*Crédito: Las compras se suman a un saldo acumulado que debes pagar antes de la fecha de vencimiento para evitar intereses.

## Tus Zonas De Gastos Ocultos

Mes________________

Semana (círcula) 1 2 3 4 5

La comida, las compras y el entretenimiento son las principales categorías donde suele ocurrir el gasto impulsivo.

Haz seguimiento semanal de estas categorías (y de cualquier otra que sientas que está vaciando tu "cubeta" de dinero) y descubre cuánto más puedes conservar al final del mes.

| **COMIDA** | | | **COMPRAS** | | | **ENTRETENIMIENTO** | | |
|---|---|---|---|---|---|---|---|---|
| Monto $ | Débito* | Crédito* | Monto $ | Débito | Crédito | Monto $ | Débito | Crédito |
| ________ | ☐ | ☐ | ________ | ☐ | ☐ | ________ | ☐ | ☐ |
| ________ | ☐ | ☐ | ________ | ☐ | ☐ | ________ | ☐ | ☐ |
| ________ | ☐ | ☐ | ________ | ☐ | ☐ | ________ | ☐ | ☐ |
| ________ | ☐ | ☐ | ________ | ☐ | ☐ | ________ | ☐ | ☐ |
| ________ | ☐ | ☐ | ________ | ☐ | ☐ | ________ | ☐ | ☐ |
| ________ | ☐ | ☐ | ________ | ☐ | ☐ | ________ | ☐ | ☐ |
| ________ | ☐ | ☐ | ________ | ☐ | ☐ | ________ | ☐ | ☐ |
| ________ | ☐ | ☐ | ________ | ☐ | ☐ | ________ | ☐ | ☐ |
| ________ | ☐ | ☐ | ________ | ☐ | ☐ | ________ | ☐ | ☐ |
| ________ | ☐ | ☐ | ________ | ☐ | ☐ | ________ | ☐ | ☐ |

*Débito: El dinero se descuenta de tu cuenta de inmediato (corriente o de ahorros) cuando lo gastas.

*Crédito: Las compras se suman a un saldo acumulado que debes pagar antes de la fecha de vencimiento para evitar intereses.

# Tus Zonas De Gastos Ocultos

Mes____________________

Semana (círcula) 1 2 3 4 5

La comida, las compras y el entretenimiento son las principales categorías donde suele ocurrir el gasto impulsivo.

Haz seguimiento semanal de estas categorías (y de cualquier otra que sientas que está vaciando tu "cubeta" de dinero) y descubre cuánto más puedes conservar al final del mes.

| **COMIDA** | | | **COMPRAS** | | | **ENTRETENIMIENTO** | | |
|---|---|---|---|---|---|---|---|---|
| Monto $ | Débito* | Crédito* | Monto $ | Débito | Crédito | Monto $ | Débito | Crédito |
| ________ | ☐ | ☐ | ________ | ☐ | ☐ | ________ | ☐ | ☐ |
| ________ | ☐ | ☐ | ________ | ☐ | ☐ | ________ | ☐ | ☐ |
| ________ | ☐ | ☐ | ________ | ☐ | ☐ | ________ | ☐ | ☐ |
| ________ | ☐ | ☐ | ________ | ☐ | ☐ | ________ | ☐ | ☐ |
| ________ | ☐ | ☐ | ________ | ☐ | ☐ | ________ | ☐ | ☐ |
| ________ | ☐ | ☐ | ________ | ☐ | ☐ | ________ | ☐ | ☐ |
| ________ | ☐ | ☐ | ________ | ☐ | ☐ | ________ | ☐ | ☐ |
| ________ | ☐ | ☐ | ________ | ☐ | ☐ | ________ | ☐ | ☐ |
| ________ | ☐ | ☐ | ________ | ☐ | ☐ | ________ | ☐ | ☐ |
| ________ | ☐ | ☐ | ________ | ☐ | ☐ | ________ | ☐ | ☐ |

*Débito: El dinero se descuenta de tu cuenta de inmediato (corriente o de ahorros) cuando lo gastas.

*Crédito: Las compras se suman a un saldo acumulado que debes pagar antes de la fecha de vencimiento para evitar intereses.

# Tus Zonas De Gastos Ocultos

Mes_______________

Semana (círcula) 1 2 3 4 5

La comida, las compras y el entretenimiento son las principales categorías donde suele ocurrir el gasto impulsivo.

Haz seguimiento semanal de estas categorías (y de cualquier otra que sientas que está vaciando tu "cubeta" de dinero) y descubre cuánto más puedes conservar al final del mes.

| **COMIDA** | | | **COMPRAS** | | | **ENTRETENIMIENTO** | | |
|---|---|---|---|---|---|---|---|---|
| Monto $ | Débito* | Crédito* | Monto $ | Débito | Crédito | Monto $ | Débito | Crédito |
| ________ | ☐ | ☐ | ________ | ☐ | ☐ | ________ | ☐ | ☐ |
| ________ | ☐ | ☐ | ________ | ☐ | ☐ | ________ | ☐ | ☐ |
| ________ | ☐ | ☐ | ________ | ☐ | ☐ | ________ | ☐ | ☐ |
| ________ | ☐ | ☐ | ________ | ☐ | ☐ | ________ | ☐ | ☐ |
| ________ | ☐ | ☐ | ________ | ☐ | ☐ | ________ | ☐ | ☐ |
| ________ | ☐ | ☐ | ________ | ☐ | ☐ | ________ | ☐ | ☐ |
| ________ | ☐ | ☐ | ________ | ☐ | ☐ | ________ | ☐ | ☐ |
| ________ | ☐ | ☐ | ________ | ☐ | ☐ | ________ | ☐ | ☐ |
| ________ | ☐ | ☐ | ________ | ☐ | ☐ | ________ | ☐ | ☐ |
| ________ | ☐ | ☐ | ________ | ☐ | ☐ | ________ | ☐ | ☐ |

*Débito: El dinero se descuenta de tu cuenta de inmediato (corriente o de ahorros) cuando lo gastas.

*Crédito: Las compras se suman a un saldo acumulado que debes pagar antes de la fecha de vencimiento para evitar intereses.

# Registro De Gastos Con Tarjeta De Crédito

Gasta, paga, repite

| Fecha de pago | Nombre de Tarjeta | Cargos | Pagado | ¿El saldo sube o baja? |
|---|---|---|---|---|
| | | | | |
| | | | | |
| | | | | |
| | | | | |
| | | | | |
| | | | | |
| | | | | |
| | | | | |
| | | | | |
| | | | | |
| | | | | |
| | | | | |
| | | | | |
| | | | | |
| | | | | |
| | | | | |
| | | | | |
| | | | | |
| | | | | |
| | | | | |

# 5 Señales de que Necesitas un Plan Financiero

**VIVIR DE CHEQUE EN CHEQUE**

1

Sin un colchón de ahorro ni dinero sobrante

2

**SIN FONDO DE EMERGENCIA**

En riesgo al enfrentar gastos inesperados

**OBJETIVOS DE JUBILACIÓN POCO CLAROS**

3

No estás seguro de cuánto necesitas ni cuánto ahorrars

4

**CRECIENTE DEUDA**

Las facturas se acumulan y superan tus ingresos

**GASTOS SIN SEGUIMIENTO**

5

No hay visibilidad del flujo de tu dinero

Entrena Tu Dinero - achievefinance.podia.com

# Reenfócate, Reflexiona y Anota

Usa este espacio para capturar tus pensamientos, metas o momentos de claridad:

"No puedo cambiar la dirección del viento, pero puedo ajustar mis velas para llegar siempre a mi destino."

– Jimmy Dean

https://achievefinance.podia.com

# Calendario de Seguimiento de Facturas

**Mes:** ____________________

| Lunes | Martes | Miércoles | Jueves | Viernes | Sábado | Domingo | Suma Restante |
|---|---|---|---|---|---|---|---|
| ☐ | ☐ | ☐ | ☐ | ☐ | ☐ | ☐ | |
| ☐ | ☐ | ☐ | ☐ | ☐ | ☐ | ☐ | |
| ☐ | ☐ | ☐ | ☐ | ☐ | ☐ | ☐ | |
| ☐ | ☐ | ☐ | ☐ | ☐ | ☐ | ☐ | |
| ☐ | ☐ | ☐ | ☐ | ☐ | ☐ | ☐ | |

## Instrucciones

1. Anota tu ingreso neto en los días de pago.
2. Registra las facturas en sus fechas de vencimiento.
3. Anota otros gastos de este mes (seguro, días festivos, regalos).
4. Da seguimiento a la suma restante cada semana.
5. Si la suma es positiva, pásala a la siguiente semana.
6. Si es negativa, usa dinero de otra categoría.

Registro Mensual De Facturas

MES_______________________

Fijo: Los gastos que no cambian de un mes a otro

Variable: Los gastos que cambian de un mes a otro

INGRESO NETO_______________________

## VIVIENDA

| Fecha | A quién pagaste | Monto | Fijo | Variable | Cuenta pagada de | Método de pago (Automático, Débito, Crédito) | ¿Aún debes? ¿Cuánto? (Saldo) |
|---|---|---|---|---|---|---|---|
| | | $ | ☐ | ☐ | | | |
| | | $ | ☐ | ☐ | | | |
| | | $ | ☐ | ☐ | | | |
| | | $ | ☐ | ☐ | | | |
| | | $ | ☐ | ☐ | | | |
| | | $ | ☐ | ☐ | | | |
| | | $ | ☐ | ☐ | | | |
| | | $ | ☐ | ☐ | | | |
| | | $ | ☐ | ☐ | | | |
| | | $ | ☐ | ☐ | | | |
| | | $ | ☐ | ☐ | | | |
| | | $ | ☐ | ☐ | | | |
| | | $ | ☐ | ☐ | | | |
| | | $ | ☐ | ☐ | | | |
| | TOTAL | | | | | | |

**¿Qué aprendiste sobre tus gastos de vivienda fijos y variables?** _______________

**¿Dónde puede tu dinero trabajar mejor para ti?** _______________

**¡Un uso más eficiente del dinero significa más para lo que realmente importa!**

## TRANSPORTE

| Fecha | A quién pagaste | Monto | Fijo | Variable | Cuenta pagada de | Método de pago (Automático, Débito, Crédito) | ¿Aún debes? ¿Cuánto? (Saldo) |
|---|---|---|---|---|---|---|---|
| | | $ | ☐ | ☐ | | | |
| | | $ | ☐ | ☐ | | | |
| | | $ | ☐ | ☐ | | | |
| | | $ | ☐ | ☐ | | | |
| | | $ | ☐ | ☐ | | | |
| | | $ | ☐ | ☐ | | | |
| | | $ | ☐ | ☐ | | | |
| | | $ | ☐ | ☐ | | | |
| | | $ | ☐ | ☐ | | | |
| | | $ | ☐ | ☐ | | | |
| | | $ | ☐ | ☐ | | | |
| | | $ | ☐ | ☐ | | | |
| | TOTAL | | | | | | |

**¿Qué aprendiste sobre tus gastos de vivienda fijos y variables?** _______________

**¿Dónde puede tu dinero trabajar mejor para ti?** _______________

**¡Un uso más eficiente del dinero significa más para lo que realmente importa!**

Registro Mensual De Facturas

MES____________________________

Fijo: Los gastos que no cambian de un mes a otro

Variable: Los gastos que cambian de un mes a otro

INGRESO NETO ________________________

## MÍNIMOS DE DEUDA- Lo necesario para mantener la deuda al corriente

| Fecha | A quién pagaste | Monto | Fijo | Variable | Cuenta pagada de | Método de pago (Automático, Débito, Crédito) | ¿Aún debes? ¿Cuánto? (Saldo) |
|---|---|---|---|---|---|---|---|
| | | $ | ☐ | ☐ | | | |
| | | $ | ☐ | ☐ | | | |
| | | $ | ☐ | ☐ | | | |
| | | $ | ☐ | ☐ | | | |
| | | $ | ☐ | ☐ | | | |
| | | $ | ☐ | ☐ | | | |
| | | $ | ☐ | ☐ | | | |
| | | $ | ☐ | ☐ | | | |
| | | $ | ☐ | ☐ | | | |
| | | $ | ☐ | ☐ | | | |
| | | $ | ☐ | ☐ | | | |
| | | $ | ☐ | ☐ | | | |
| | | $ | ☐ | ☐ | | | |
| | | $ | ☐ | ☐ | | | |
| | TOTAL | ______ | | | | | |

¿Qué aprendiste sobre tus gastos de vivienda fijos y variables? ____________________

¿Dónde puede tu dinero trabajar mejor para ti? ____________________

¡Un uso más eficiente del dinero significa más para lo que realmente importa!

## GASTOS DE CUIDADO- Personales, hijos, mascotas

| Fecha | A quién pagaste | Monto | Fijo | Variable | Cuenta pagada de | Método de pago (Automático, Débito, Crédito) | ¿Aún debes? ¿Cuánto? (Saldo) |
|---|---|---|---|---|---|---|---|
| | | $ | ☐ | ☐ | | | |
| | | $ | ☐ | ☐ | | | |
| | | $ | ☐ | ☐ | | | |
| | | $ | ☐ | ☐ | | | |
| | | $ | ☐ | ☐ | | | |
| | | $ | ☐ | ☐ | | | |
| | | $ | ☐ | ☐ | | | |
| | | $ | ☐ | ☐ | | | |
| | | $ | ☐ | ☐ | | | |
| | | $ | ☐ | ☐ | | | |
| | | $ | ☐ | ☐ | | | |
| | | $ | ☐ | ☐ | | | |
| | | $ | ☐ | ☐ | | | |
| | TOTAL | ______ | | | | | |

¿Qué aprendiste sobre tus gastos de vivienda fijos y variables? ____________________

¿Dónde puede tu dinero trabajar mejor para ti? ____________________

¡Un uso más eficiente del dinero significa más para lo que realmente importa!

## Tus Zonas De Gastos Ocultos

Mes__________________

Semana (círcula) 1 2 3 4 5

La comida, las compras y el entretenimiento son las principales categorías donde suele ocurrir el gasto impulsivo.

Haz seguimiento semanal de estas categorías (y de cualquier otra que sientas que está vaciando tu “cubeta” de dinero) y descubre cuánto más puedes conservar al final del mes.

| **COMIDA** | | | **COMPRAS** | | | **ENTRETENIMIENTO** | | |
|---|---|---|---|---|---|---|---|---|
| Monto $ | Débito* | Crédito* | Monto $ | Débito | Crédito | Monto $ | Débito | Crédito |
| ________ | ☐ | ☐ | ________ | ☐ | ☐ | ________ | ☐ | ☐ |
| ________ | ☐ | ☐ | ________ | ☐ | ☐ | ________ | ☐ | ☐ |
| ________ | ☐ | ☐ | ________ | ☐ | ☐ | ________ | ☐ | ☐ |
| ________ | ☐ | ☐ | ________ | ☐ | ☐ | ________ | ☐ | ☐ |
| ________ | ☐ | ☐ | ________ | ☐ | ☐ | ________ | ☐ | ☐ |
| ________ | ☐ | ☐ | ________ | ☐ | ☐ | ________ | ☐ | ☐ |
| ________ | ☐ | ☐ | ________ | ☐ | ☐ | ________ | ☐ | ☐ |
| ________ | ☐ | ☐ | ________ | ☐ | ☐ | ________ | ☐ | ☐ |
| ________ | ☐ | ☐ | ________ | ☐ | ☐ | ________ | ☐ | ☐ |
| ________ | ☐ | ☐ | ________ | ☐ | ☐ | ________ | ☐ | ☐ |

*Débito: El dinero se descuenta de tu cuenta de inmediato (corriente o de ahorros) cuando lo gastas.

*Crédito: Las compras se suman a un saldo acumulado que debes pagar antes de la fecha de vencimiento para evitar intereses.

## Tus Zonas De Gastos Ocultos

Mes________________

Semana (círcula) 1 2 3 4 5

La comida, las compras y el entretenimiento son las principales categorías donde suele ocurrir el gasto impulsivo.

Haz seguimiento semanal de estas categorías (y de cualquier otra que sientas que está vaciando tu "cubeta" de dinero) y descubre cuánto más puedes conservar al final del mes.

| COMIDA | | | COMPRAS | | | ENTRETENIMIENTO | | |
|---|---|---|---|---|---|---|---|---|
| Monto $ | Débito* | Crédito* | Monto $ | Débito | Crédito | Monto $ | Débito | Crédito |
| ________ | ☐ | ☐ | ________ | ☐ | ☐ | ________ | ☐ | ☐ |
| ________ | ☐ | ☐ | ________ | ☐ | ☐ | ________ | ☐ | ☐ |
| ________ | ☐ | ☐ | ________ | ☐ | ☐ | ________ | ☐ | ☐ |
| ________ | ☐ | ☐ | ________ | ☐ | ☐ | ________ | ☐ | ☐ |
| ________ | ☐ | ☐ | ________ | ☐ | ☐ | ________ | ☐ | ☐ |
| ________ | ☐ | ☐ | ________ | ☐ | ☐ | ________ | ☐ | ☐ |
| ________ | ☐ | ☐ | ________ | ☐ | ☐ | ________ | ☐ | ☐ |
| ________ | ☐ | ☐ | ________ | ☐ | ☐ | ________ | ☐ | ☐ |
| ________ | ☐ | ☐ | ________ | ☐ | ☐ | ________ | ☐ | ☐ |
| ________ | ☐ | ☐ | ________ | ☐ | ☐ | ________ | ☐ | ☐ |

*Débito: El dinero se descuenta de tu cuenta de inmediato (corriente o de ahorros) cuando lo gastas.
*Crédito: Las compras se suman a un saldo acumulado que debes pagar antes de la fecha de vencimiento para evitar intereses.

# Tus Zonas De Gastos Ocultos

Mes__________________

Semana (círcula) 1 2 3 4 5

La comida, las compras y el entretenimiento son las principales categorías donde suele ocurrir el gasto impulsivo.

Haz seguimiento semanal de estas categorías (y de cualquier otra que sientas que está vaciando tu "cubeta" de dinero) y descubre cuánto más puedes conservar al final del mes.

| **COMIDA** | | | **COMPRAS** | | | **ENTRETENIMIENTO** | | |
|---|---|---|---|---|---|---|---|---|
| Monto $ | Débito* | Crédito* | Monto $ | Débito | Crédito | Monto $ | Débito | Crédito |
| ________ | ☐ | ☐ | ________ | ☐ | ☐ | ________ | ☐ | ☐ |
| ________ | ☐ | ☐ | ________ | ☐ | ☐ | ________ | ☐ | ☐ |
| ________ | ☐ | ☐ | ________ | ☐ | ☐ | ________ | ☐ | ☐ |
| ________ | ☐ | ☐ | ________ | ☐ | ☐ | ________ | ☐ | ☐ |
| ________ | ☐ | ☐ | ________ | ☐ | ☐ | ________ | ☐ | ☐ |
| ________ | ☐ | ☐ | ________ | ☐ | ☐ | ________ | ☐ | ☐ |
| ________ | ☐ | ☐ | ________ | ☐ | ☐ | ________ | ☐ | ☐ |
| ________ | ☐ | ☐ | ________ | ☐ | ☐ | ________ | ☐ | ☐ |
| ________ | ☐ | ☐ | ________ | ☐ | ☐ | ________ | ☐ | ☐ |
| ________ | ☐ | ☐ | ________ | ☐ | ☐ | ________ | ☐ | ☐ |

*Débito: El dinero se descuenta de tu cuenta de inmediato (corriente o de ahorros) cuando lo gastas.

*Crédito: Las compras se suman a un saldo acumulado que debes pagar antes de la fecha de vencimiento para evitar intereses.

## Tus Zonas De Gastos Ocultos

Mes_______________

Semana (círcula) 1 2 3 4 5

La comida, las compras y el entretenimiento son las principales categorías donde suele ocurrir el gasto impulsivo.

Haz seguimiento semanal de estas categorías (y de cualquier otra que sientas que está vaciando tu “cubeta” de dinero) y descubre cuánto más puedes conservar al final del mes.

| **COMIDA** | | | **COMPRAS** | | | **ENTRETENIMIENTO** | | |
|---|---|---|---|---|---|---|---|---|
| Monto $ | Débito* | Crédito* | Monto $ | Débito | Crédito | Monto $ | Débito | Crédito |
| ________ | ☐ | ☐ | ________ | ☐ | ☐ | ________ | ☐ | ☐ |
| ________ | ☐ | ☐ | ________ | ☐ | ☐ | ________ | ☐ | ☐ |
| ________ | ☐ | ☐ | ________ | ☐ | ☐ | ________ | ☐ | ☐ |
| ________ | ☐ | ☐ | ________ | ☐ | ☐ | ________ | ☐ | ☐ |
| ________ | ☐ | ☐ | ________ | ☐ | ☐ | ________ | ☐ | ☐ |
| ________ | ☐ | ☐ | ________ | ☐ | ☐ | ________ | ☐ | ☐ |
| ________ | ☐ | ☐ | ________ | ☐ | ☐ | ________ | ☐ | ☐ |
| ________ | ☐ | ☐ | ________ | ☐ | ☐ | ________ | ☐ | ☐ |
| ________ | ☐ | ☐ | ________ | ☐ | ☐ | ________ | ☐ | ☐ |
| ________ | ☐ | ☐ | ________ | ☐ | ☐ | ________ | ☐ | ☐ |

*Débito: El dinero se descuenta de tu cuenta de inmediato (corriente o de ahorros) cuando lo gastas.
*Crédito: Las compras se suman a un saldo acumulado que debes pagar antes de la fecha de vencimiento para evitar intereses.

# Registro De Gastos Con Tarjeta De Crédito

Gasta, paga, repite

| Fecha de pago | Nombre de Tarjeta | Cargos | Pagado | ¿El saldo sube o baja? |
|---|---|---|---|---|
| | | | | |
| | | | | |
| | | | | |
| | | | | |
| | | | | |
| | | | | |
| | | | | |
| | | | | |
| | | | | |
| | | | | |
| | | | | |
| | | | | |
| | | | | |
| | | | | |
| | | | | |
| | | | | |
| | | | | |
| | | | | |
| | | | | |
| | | | | |

# Registra y Enfrenta Tus Deudas

**Reduce tus deudas, un mes a la vez**
Usa esta tabla para listar tus deudas, dar seguimiento a tus pagos mínimos y pagos extra, y ver cómo tus saldos disminuyen. Ver tu progreso mes a mes te ayuda a mantenerte motivado/a y enfocado/a. ¡Cada dólar adicional te acerca un paso más a la libertad financiera—sigue adelante!

| | Préstamo ________ | Préstamo ________ | Préstamo ________ | Préstamo ________ | Préstamo ________ | Préstamo ________ |
|---|---|---|---|---|---|---|
| Saldo Inicial | | | | | | |
| Pago mínimo | | | | | | |
| Pago extra (elige una deuda para enfocarte) | | | | | | |
| Mes ________ | | | | | | |
| Mes ________ | | | | | | |
| Mes ________ | | | | | | |
| Total Pagado | | | | | | |
| ¡Deuda pagada! | | | | | | |

**Bola de nieve vs. avalancha: ¿cuál es la diferencia?**

**Ambos son métodos populares para pagar deudas, pero utilizan estrategias distintas para mantenerte motivado/a:**

**Bola de nieve**

**Enfócate primero en la deuda con el saldo más pequeño**

**→ Haz los pagos mínimos en las demás**
**→ Destina todo el dinero extra a la deuda más pequeña**
**✓ ¡Los logros rápidos generan confianza y motivación!**

**Avalancha**

**Enfócate primero en la deuda con la tasa de interés más alta**

**→ Paga los mínimos en las demás**
**→ Destina todo el dinero extra a la deuda con mayor interés**
**✓ Ahorra más dinero a largo plazo**

# Reenfócate, Reflexiona y Anota

Usa este espacio para capturar tus pensamientos, metas o momentos de claridad:

"Para tener éxito en la vida necesitas tres cosas: un hueso del deseo, una columna vertebral y sentido del humor." – Reba McEntire

https://achievefinance.podia.com

# Calendario de Seguimiento de Facturas

**Mes:** ____________________

| Lunes | Martes | Miércoles | Jueves | Viernes | Sábado | Domingo | Suma Restante |
|---|---|---|---|---|---|---|---|
| ☐ | ☐ | ☐ | ☐ | ☐ | ☐ | ☐ | |
| ☐ | ☐ | ☐ | ☐ | ☐ | ☐ | ☐ | |
| ☐ | ☐ | ☐ | ☐ | ☐ | ☐ | ☐ | |
| ☐ | ☐ | ☐ | ☐ | ☐ | ☐ | ☐ | |
| ☐ | ☐ | ☐ | ☐ | ☐ | ☐ | ☐ | |

## Instrucciones

1. Anota tu ingreso neto en los días de pago.
2. Registra las facturas en sus fechas de vencimiento.
3. Anota otros gastos de este mes (seguro, días festivos, regalos).
4. Da seguimiento a la suma restante cada semana.
5. Si la suma es positiva, pásala a la siguiente semana.
6. Si es negativa, usa dinero de otra categoría.

Registro Mensual De Facturas

MES____________________________

Fijo: Los gastos que no cambian de un mes a otro

Variable: Los gastos que cambian de un mes a otro

INGRESO NETO________________________

## VIVIENDA

| Fecha | A quién pagaste | Monto | Fijo | Variable | Cuenta pagada de | Método de pago (Automático, Débito, Crédito) | ¿Aún debes? ¿Cuánto? (Saldo) |
|---|---|---|---|---|---|---|---|
| | | $ | ☐ | ☐ | | | |
| | | $ | ☐ | ☐ | | | |
| | | $ | ☐ | ☐ | | | |
| | | $ | ☐ | ☐ | | | |
| | | $ | ☐ | ☐ | | | |
| | | $ | ☐ | ☐ | | | |
| | | $ | ☐ | ☐ | | | |
| | | $ | ☐ | ☐ | | | |
| | | $ | ☐ | ☐ | | | |
| | | $ | ☐ | ☐ | | | |
| | | $ | ☐ | ☐ | | | |
| | | $ | ☐ | ☐ | | | |
| | | $ | ☐ | ☐ | | | |
| | | $ | ☐ | ☐ | | | |
| | TOTAL | | | | | | |

**¿Qué aprendiste sobre tus gastos de vivienda fijos y variables?** ____________________

**¿Dónde puede tu dinero trabajar mejor para ti?** ____________________

**¡Un uso más eficiente del dinero significa más para lo que realmente importa!**

## TRANSPORTE

| Fecha | A quién pagaste | Monto | Fijo | Variable | Cuenta pagada de | Método de pago (Automático, Débito, Crédito) | ¿Aún debes? ¿Cuánto? (Saldo) |
|---|---|---|---|---|---|---|---|
| | | $ | ☐ | ☐ | | | |
| | | $ | ☐ | ☐ | | | |
| | | $ | ☐ | ☐ | | | |
| | | $ | ☐ | ☐ | | | |
| | | $ | ☐ | ☐ | | | |
| | | $ | ☐ | ☐ | | | |
| | | $ | ☐ | ☐ | | | |
| | | $ | ☐ | ☐ | | | |
| | | $ | ☐ | ☐ | | | |
| | | $ | ☐ | ☐ | | | |
| | | $ | ☐ | ☐ | | | |
| | | $ | ☐ | ☐ | | | |
| | TOTAL | | | | | | |

**¿Qué aprendiste sobre tus gastos de vivienda fijos y variables?** ____________________

**¿Dónde puede tu dinero trabajar mejor para ti?** ____________________

**¡Un uso más eficiente del dinero significa más para lo que realmente importa!**

Registro Mensual De Facturas

MES____________________________

Fijo: Los gastos que no cambian de un mes a otro
Variable: Los gastos que cambian de un mes a otro

INGRESO NETO ________________________

## MÍNIMOS DE DEUDA- Lo necesario para mantener la deuda al corriente

| Fecha | A quién pagaste | Monto | Fijo | Variable | Cuenta pagada de | Método de pago (Automático, Débito, Crédito) | ¿Aún debes? ¿Cuánto? (Saldo) |
|---|---|---|---|---|---|---|---|
| | | $ | ☐ | ☐ | | | |
| | | $ | ☐ | ☐ | | | |
| | | $ | ☐ | ☐ | | | |
| | | $ | ☐ | ☐ | | | |
| | | $ | ☐ | ☐ | | | |
| | | $ | ☐ | ☐ | | | |
| | | $ | ☐ | ☐ | | | |
| | | $ | ☐ | ☐ | | | |
| | | $ | ☐ | ☐ | | | |
| | | $ | ☐ | ☐ | | | |
| | | $ | ☐ | ☐ | | | |
| | | $ | ☐ | ☐ | | | |
| | | $ | ☐ | ☐ | | | |
| | | $ | ☐ | ☐ | | | |
| | TOTAL | ________ | | | | | |

¿Qué aprendiste sobre tus gastos de vivienda fijos y variables? ________________________

¿Dónde puede tu dinero trabajar mejor para ti? ________________________

¡Un uso más eficiente del dinero significa más para lo que realmente importa!

## GASTOS DE CUIDADO- Personales, hijos, mascotas

| Fecha | A quién pagaste | Monto | Fijo | Variable | Cuenta pagada de | Método de pago (Automático, Débito, Crédito) | ¿Aún debes? ¿Cuánto? (Saldo) |
|---|---|---|---|---|---|---|---|
| | | $ | ☐ | ☐ | | | |
| | | $ | ☐ | ☐ | | | |
| | | $ | ☐ | ☐ | | | |
| | | $ | ☐ | ☐ | | | |
| | | $ | ☐ | ☐ | | | |
| | | $ | ☐ | ☐ | | | |
| | | $ | ☐ | ☐ | | | |
| | | $ | ☐ | ☐ | | | |
| | | $ | ☐ | ☐ | | | |
| | | $ | ☐ | ☐ | | | |
| | | $ | ☐ | ☐ | | | |
| | | $ | ☐ | ☐ | | | |
| | | $ | ☐ | ☐ | | | |
| | TOTAL | ________ | | | | | |

¿Qué aprendiste sobre tus gastos de vivienda fijos y variables? ________________________

¿Dónde puede tu dinero trabajar mejor para ti? ________________________

¡Un uso más eficiente del dinero significa más para lo que realmente importa!

# Tus Zonas De Gastos Ocultos

Mes____________________

Semana (círcula) 1 2 3 4 5

La comida, las compras y el entretenimiento son las principales categorías donde suele ocurrir el gasto impulsivo.

Haz seguimiento semanal de estas categorías (y de cualquier otra que sientas que está vaciando tu "cubeta" de dinero) y descubre cuánto más puedes conservar al final del mes.

| **COMIDA** | | | **COMPRAS** | | | **ENTRETENIMIENTO** | | |
|---|---|---|---|---|---|---|---|---|
| Monto $ | Débito* | Crédito* | Monto $ | Débito | Crédito | Monto $ | Débito | Crédito |
| ________ | ☐ | ☐ | ________ | ☐ | ☐ | ________ | ☐ | ☐ |
| ________ | ☐ | ☐ | ________ | ☐ | ☐ | ________ | ☐ | ☐ |
| ________ | ☐ | ☐ | ________ | ☐ | ☐ | ________ | ☐ | ☐ |
| ________ | ☐ | ☐ | ________ | ☐ | ☐ | ________ | ☐ | ☐ |
| ________ | ☐ | ☐ | ________ | ☐ | ☐ | ________ | ☐ | ☐ |
| ________ | ☐ | ☐ | ________ | ☐ | ☐ | ________ | ☐ | ☐ |
| ________ | ☐ | ☐ | ________ | ☐ | ☐ | ________ | ☐ | ☐ |
| ________ | ☐ | ☐ | ________ | ☐ | ☐ | ________ | ☐ | ☐ |
| ________ | ☐ | ☐ | ________ | ☐ | ☐ | ________ | ☐ | ☐ |
| ________ | ☐ | ☐ | ________ | ☐ | ☐ | ________ | ☐ | ☐ |

*Débito: El dinero se descuenta de tu cuenta de inmediato (corriente o de ahorros) cuando lo gastas.

*Crédito: Las compras se suman a un saldo acumulado que debes pagar antes de la fecha de vencimiento para evitar intereses.

# Tus Zonas De Gastos Ocultos

Mes________________

Semana (círcula)   1   2   3   4   5

La comida, las compras y el entretenimiento son las principales categorías donde suele ocurrir el gasto impulsivo.

Haz seguimiento semanal de estas categorías (y de cualquier otra que sientas que está vaciando tu “cubeta” de dinero) y descubre cuánto más puedes conservar al final del mes.

| COMIDA | | | COMPRAS | | | ENTRETENIMIENTO | | |
|---|---|---|---|---|---|---|---|---|
| Monto $ | Débito* | Crédito* | Monto $ | Débito | Crédito | Monto $ | Débito | Crédito |
| ________ | ☐ | ☐ | ________ | ☐ | ☐ | ________ | ☐ | ☐ |
| ________ | ☐ | ☐ | ________ | ☐ | ☐ | ________ | ☐ | ☐ |
| ________ | ☐ | ☐ | ________ | ☐ | ☐ | ________ | ☐ | ☐ |
| ________ | ☐ | ☐ | ________ | ☐ | ☐ | ________ | ☐ | ☐ |
| ________ | ☐ | ☐ | ________ | ☐ | ☐ | ________ | ☐ | ☐ |
| ________ | ☐ | ☐ | ________ | ☐ | ☐ | ________ | ☐ | ☐ |
| ________ | ☐ | ☐ | ________ | ☐ | ☐ | ________ | ☐ | ☐ |
| ________ | ☐ | ☐ | ________ | ☐ | ☐ | ________ | ☐ | ☐ |
| ________ | ☐ | ☐ | ________ | ☐ | ☐ | ________ | ☐ | ☐ |
| ________ | ☐ | ☐ | ________ | ☐ | ☐ | ________ | ☐ | ☐ |

*Débito: El dinero se descuenta de tu cuenta de inmediato (corriente o de ahorros) cuando lo gastas.

*Crédito: Las compras se suman a un saldo acumulado que debes pagar antes de la fecha de vencimiento para evitar intereses.

## Tus Zonas De Gastos Ocultos

Mes__________________

Semana (círcula) 1 2 3 4 5

La comida, las compras y el entretenimiento son las principales categorías donde suele ocurrir el gasto impulsivo.

Haz seguimiento semanal de estas categorías (y de cualquier otra que sientas que está vaciando tu "cubeta" de dinero) y descubre cuánto más puedes conservar al final del mes.

| COMIDA | | | COMPRAS | | | ENTRETENIMIENTO | | |
|---|---|---|---|---|---|---|---|---|
| Monto $ | Débito* | Crédito* | Monto $ | Débito | Crédito | Monto $ | Débito | Crédito |
| ________ | ☐ | ☐ | ________ | ☐ | ☐ | ________ | ☐ | ☐ |
| ________ | ☐ | ☐ | ________ | ☐ | ☐ | ________ | ☐ | ☐ |
| ________ | ☐ | ☐ | ________ | ☐ | ☐ | ________ | ☐ | ☐ |
| ________ | ☐ | ☐ | ________ | ☐ | ☐ | ________ | ☐ | ☐ |
| ________ | ☐ | ☐ | ________ | ☐ | ☐ | ________ | ☐ | ☐ |
| ________ | ☐ | ☐ | ________ | ☐ | ☐ | ________ | ☐ | ☐ |
| ________ | ☐ | ☐ | ________ | ☐ | ☐ | ________ | ☐ | ☐ |
| ________ | ☐ | ☐ | ________ | ☐ | ☐ | ________ | ☐ | ☐ |
| ________ | ☐ | ☐ | ________ | ☐ | ☐ | ________ | ☐ | ☐ |
| ________ | ☐ | ☐ | ________ | ☐ | ☐ | ________ | ☐ | ☐ |

*Débito: El dinero se descuenta de tu cuenta de inmediato (corriente o de ahorros) cuando lo gastas.
*Crédito: Las compras se suman a un saldo acumulado que debes pagar antes de la fecha de vencimiento para evitar intereses.

## Tus Zonas De Gastos Ocultos

Mes_______________

Semana (círcula) 1 2 3 4 5

La comida, las compras y el entretenimiento son las principales categorías donde suele ocurrir el gasto impulsivo.

Haz seguimiento semanal de estas categorías (y de cualquier otra que sientas que está vaciando tu "cubeta" de dinero) y descubre cuánto más puedes conservar al final del mes.

| **COMIDA** | | | **COMPRAS** | | | **ENTRETENIMIENTO** | | |
|---|---|---|---|---|---|---|---|---|
| Monto $ | Débito* | Crédito* | Monto $ | Débito | Crédito | Monto $ | Débito | Crédito |
| ________ | ☐ | ☐ | ________ | ☐ | ☐ | ________ | ☐ | ☐ |
| ________ | ☐ | ☐ | ________ | ☐ | ☐ | ________ | ☐ | ☐ |
| ________ | ☐ | ☐ | ________ | ☐ | ☐ | ________ | ☐ | ☐ |
| ________ | ☐ | ☐ | ________ | ☐ | ☐ | ________ | ☐ | ☐ |
| ________ | ☐ | ☐ | ________ | ☐ | ☐ | ________ | ☐ | ☐ |
| ________ | ☐ | ☐ | ________ | ☐ | ☐ | ________ | ☐ | ☐ |
| ________ | ☐ | ☐ | ________ | ☐ | ☐ | ________ | ☐ | ☐ |
| ________ | ☐ | ☐ | ________ | ☐ | ☐ | ________ | ☐ | ☐ |
| ________ | ☐ | ☐ | ________ | ☐ | ☐ | ________ | ☐ | ☐ |
| ________ | ☐ | ☐ | ________ | ☐ | ☐ | ________ | ☐ | ☐ |

*Débito: El dinero se descuenta de tu cuenta de inmediato (corriente o de ahorros) cuando lo gastas.

*Crédito: Las compras se suman a un saldo acumulado que debes pagar antes de la fecha de vencimiento para evitar intereses.

# Registro De Gastos Con Tarjeta De Crédito

Gasta, paga, repite

| Fecha de pago | Nombre de Tarjeta | Cargos | Pagado | ¿El saldo sube o baja? |
|---|---|---|---|---|
| | | | | |
| | | | | |
| | | | | |
| | | | | |
| | | | | |
| | | | | |
| | | | | |
| | | | | |
| | | | | |
| | | | | |
| | | | | |
| | | | | |
| | | | | |
| | | | | |
| | | | | |
| | | | | |
| | | | | |
| | | | | |
| | | | | |
| | | | | |

COMO

# AHORRAR DINERO

## ALIMENTOS

Haz una lista y cúmplela

Compra en los pasillos exteriores del supermercado

## AUTO

Mantente al día con el mantenimiento programado

Compara el seguro del auto cada año

## HOGAR

Coloca los servicios públicos en pago nivelado

Aprende reparaciones y mantenimiento básicos

## SALUD

Hazte chequeos médicos con regularidad

Mantente activo/a y saludable

## TUS AHORROS

**Planifica de forma inteligente.**
**Gasta menos. Ahorra más**

## TELÉFONO

Cámbiate a un plan económico

Compra los teléfonos de contado

## CRÉDITO

Conoce las tasas de interés

Paga las tarjetas cada mes

No tengas más de dos tarjetas

## IMPUESTOS

Contribuye a cuentas con beneficios fiscales (401k, IRA, HSA, FSA)

Reclama todos los créditos disponibles

## COMPRAS

Define un límite mensual y controla tus gastos.

Renta o pide prestado lo que usas poco.

# Reenfócate, Reflexiona y Anota

Usa este espacio para capturar tus pensamientos, metas o momentos de claridad:

"El dinero se ve mejor en el banco que en tus pies." – Sophia Amoruso

# Calendario de Seguimiento de Facturas

**Mes:** ____________________

| Lunes | Martes | Miércoles | Jueves | Viernes | Sábado | Domingo | Suma Restante |
|---|---|---|---|---|---|---|---|
| ☐ | ☐ | ☐ | ☐ | ☐ | ☐ | ☐ | |
| ☐ | ☐ | ☐ | ☐ | ☐ | ☐ | ☐ | |
| ☐ | ☐ | ☐ | ☐ | ☐ | ☐ | ☐ | |
| ☐ | ☐ | ☐ | ☐ | ☐ | ☐ | ☐ | |
| ☐ | ☐ | ☐ | ☐ | ☐ | ☐ | ☐ | |

## Instrucciones

1. Anota tu ingreso neto en los días de pago.
2. Registra las facturas en sus fechas de vencimiento.
3. Anota otros gastos de este mes (seguro, días festivos, regalos).
4. Da seguimiento a la suma restante cada semana.
5. Si la suma es positiva, pásala a la siguiente semana.
6. Si es negativa, usa dinero de otra categoría.

| | Registro Mensual De Facturas | | | | MES________________________ | | |
|---|---|---|---|---|---|---|---|
| | Fijo: Los gastos que no cambian de un mes a otro | | | | | | |
| | Variable: Los gastos que cambian de un mes a otro | | | | INGRESO NETO____________________ | | |

## VIVIENDA

| Fecha | A quién pagaste | Monto | Fijo | Variable | Cuenta pagada de | Método de pago (Automático, Débito, Crédito) | ¿Aún debes? ¿Cuánto? (Saldo) |
|---|---|---|---|---|---|---|---|
| | | $ | ☐ | ☐ | | | |
| | | $ | ☐ | ☐ | | | |
| | | $ | ☐ | ☐ | | | |
| | | $ | ☐ | ☐ | | | |
| | | $ | ☐ | ☐ | | | |
| | | $ | ☐ | ☐ | | | |
| | | $ | ☐ | ☐ | | | |
| | | $ | ☐ | ☐ | | | |
| | | $ | ☐ | ☐ | | | |
| | | $ | ☐ | ☐ | | | |
| | | $ | ☐ | ☐ | | | |
| | | $ | ☐ | ☐ | | | |
| | | $ | ☐ | ☐ | | | |
| | | $ | ☐ | ☐ | | | |
| | TOTAL | ______ | | | | | |

**¿Qué aprendiste sobre tus gastos de vivienda fijos y variables?** ____________________

**¿Dónde puede tu dinero trabajar mejor para ti?** ____________________

**¡Un uso más eficiente del dinero significa más para lo que realmente importa!**

## TRANSPORTE

| Fecha | A quién pagaste | Monto | Fijo | Variable | Cuenta pagada de | Método de pago (Automático, Débito, Crédito) | ¿Aún debes? ¿Cuánto? (Saldo) |
|---|---|---|---|---|---|---|---|
| | | $ | ☐ | ☐ | | | |
| | | $ | ☐ | ☐ | | | |
| | | $ | ☐ | ☐ | | | |
| | | $ | ☐ | ☐ | | | |
| | | $ | ☐ | ☐ | | | |
| | | $ | ☐ | ☐ | | | |
| | | $ | ☐ | ☐ | | | |
| | | $ | ☐ | ☐ | | | |
| | | $ | ☐ | ☐ | | | |
| | | $ | ☐ | ☐ | | | |
| | | $ | ☐ | ☐ | | | |
| | | $ | ☐ | ☐ | | | |
| | TOTAL | ______ | | | | | |

**¿Qué aprendiste sobre tus gastos de vivienda fijos y variables?** ____________________

**¿Dónde puede tu dinero trabajar mejor para ti?** ____________________

**¡Un uso más eficiente del dinero significa más para lo que realmente importa!**

Registro Mensual De Facturas

MES__________________________

Fijo: Los gastos que no cambian de un mes a otro

Variable: Los gastos que cambian de un mes a otro

INGRESO NETO ______________________

## MÍNIMOS DE DEUDA- Lo necesario para mantener la deuda al corriente

| Fecha | A quién pagaste | Monto | Fijo | Variable | Cuenta pagada de | Método de pago (Automático, Débito, Crédito) | ¿Aún debes? ¿Cuánto? (Saldo) |
|---|---|---|---|---|---|---|---|
| | | $ | ☐ | ☐ | | | |
| | | $ | ☐ | ☐ | | | |
| | | $ | ☐ | ☐ | | | |
| | | $ | ☐ | ☐ | | | |
| | | $ | ☐ | ☐ | | | |
| | | $ | ☐ | ☐ | | | |
| | | $ | ☐ | ☐ | | | |
| | | $ | ☐ | ☐ | | | |
| | | $ | ☐ | ☐ | | | |
| | | $ | ☐ | ☐ | | | |
| | | $ | ☐ | ☐ | | | |
| | | $ | ☐ | ☐ | | | |
| | | $ | ☐ | ☐ | | | |
| | | $ | ☐ | ☐ | | | |
| | TOTAL | ________ | | | | | |

¿Qué aprendiste sobre tus gastos de vivienda fijos y variables? ______________________________

¿Dónde puede tu dinero trabajar mejor para ti? ______________________________

¡Un uso más eficiente del dinero significa más para lo que realmente importa!

## GASTOS DE CUIDADO- Personales, hijos, mascotas

| Fecha | A quién pagaste | Monto | Fijo | Variable | Cuenta pagada de | Método de pago (Automático, Débito, Crédito) | ¿Aún debes? ¿Cuánto? (Saldo) |
|---|---|---|---|---|---|---|---|
| | | $ | ☐ | ☐ | | | |
| | | $ | ☐ | ☐ | | | |
| | | $ | ☐ | ☐ | | | |
| | | $ | ☐ | ☐ | | | |
| | | $ | ☐ | ☐ | | | |
| | | $ | ☐ | ☐ | | | |
| | | $ | ☐ | ☐ | | | |
| | | $ | ☐ | ☐ | | | |
| | | $ | ☐ | ☐ | | | |
| | | $ | ☐ | ☐ | | | |
| | | $ | ☐ | ☐ | | | |
| | | $ | ☐ | ☐ | | | |
| | | $ | ☐ | ☐ | | | |
| | TOTAL | ________ | | | | | |

¿Qué aprendiste sobre tus gastos de vivienda fijos y variables? ______________________________

¿Dónde puede tu dinero trabajar mejor para ti? ______________________________

¡Un uso más eficiente del dinero significa más para lo que realmente importa!

# Tus Zonas De Gastos Ocultos

Mes___________________

Semana (círcula) 1 2 3 4 5

La comida, las compras y el entretenimiento son las principales categorías donde suele ocurrir el gasto impulsivo.

Haz seguimiento semanal de estas categorías (y de cualquier otra que sientas que está vaciando tu “cubeta” de dinero) y descubre cuánto más puedes conservar al final del mes.

| COMIDA | | | COMPRAS | | | ENTRETENIMIENTO | | |
|---|---|---|---|---|---|---|---|---|
| Monto $ | Débito* | Crédito* | Monto $ | Débito | Crédito | Monto $ | Débito | Crédito |
| ________ | ☐ | ☐ | ________ | ☐ | ☐ | ________ | ☐ | ☐ |
| ________ | ☐ | ☐ | ________ | ☐ | ☐ | ________ | ☐ | ☐ |
| ________ | ☐ | ☐ | ________ | ☐ | ☐ | ________ | ☐ | ☐ |
| ________ | ☐ | ☐ | ________ | ☐ | ☐ | ________ | ☐ | ☐ |
| ________ | ☐ | ☐ | ________ | ☐ | ☐ | ________ | ☐ | ☐ |
| ________ | ☐ | ☐ | ________ | ☐ | ☐ | ________ | ☐ | ☐ |
| ________ | ☐ | ☐ | ________ | ☐ | ☐ | ________ | ☐ | ☐ |
| ________ | ☐ | ☐ | ________ | ☐ | ☐ | ________ | ☐ | ☐ |
| ________ | ☐ | ☐ | ________ | ☐ | ☐ | ________ | ☐ | ☐ |
| ________ | ☐ | ☐ | ________ | ☐ | ☐ | ________ | ☐ | ☐ |

*Débito: El dinero se descuenta de tu cuenta de inmediato (corriente o de ahorros) cuando lo gastas.

*Crédito: Las compras se suman a un saldo acumulado que debes pagar antes de la fecha de vencimiento para evitar intereses.

## Tus Zonas De Gastos Ocultos

Mes________________

Semana (círcula) 1 2 3 4 5

La comida, las compras y el entretenimiento son las principales categorías donde suele ocurrir el gasto impulsivo.

Haz seguimiento semanal de estas categorías (y de cualquier otra que sientas que está vaciando tu "cubeta" de dinero) y descubre cuánto más puedes conservar al final del mes.

| **COMIDA** | | | **COMPRAS** | | | **ENTRETENIMIENTO** | | |
|---|---|---|---|---|---|---|---|---|
| Monto $ | Débito* | Crédito* | Monto $ | Débito | Crédito | Monto $ | Débito | Crédito |
| ________ | ☐ | ☐ | ________ | ☐ | ☐ | ________ | ☐ | ☐ |
| ________ | ☐ | ☐ | ________ | ☐ | ☐ | ________ | ☐ | ☐ |
| ________ | ☐ | ☐ | ________ | ☐ | ☐ | ________ | ☐ | ☐ |
| ________ | ☐ | ☐ | ________ | ☐ | ☐ | ________ | ☐ | ☐ |
| ________ | ☐ | ☐ | ________ | ☐ | ☐ | ________ | ☐ | ☐ |
| ________ | ☐ | ☐ | ________ | ☐ | ☐ | ________ | ☐ | ☐ |
| ________ | ☐ | ☐ | ________ | ☐ | ☐ | ________ | ☐ | ☐ |
| ________ | ☐ | ☐ | ________ | ☐ | ☐ | ________ | ☐ | ☐ |
| ________ | ☐ | ☐ | ________ | ☐ | ☐ | ________ | ☐ | ☐ |
| ________ | ☐ | ☐ | ________ | ☐ | ☐ | ________ | ☐ | ☐ |

*Débito: El dinero se descuenta de tu cuenta de inmediato (corriente o de ahorros) cuando lo gastas.

*Crédito: Las compras se suman a un saldo acumulado que debes pagar antes de la fecha de vencimiento para evitar intereses.

## Tus Zonas De Gastos Ocultos

Mes__________________

Semana (círcula) 1 2 3 4 5

La comida, las compras y el entretenimiento son las principales categorías donde suele ocurrir el gasto impulsivo.

Haz seguimiento semanal de estas categorías (y de cualquier otra que sientas que está vaciando tu "cubeta" de dinero) y descubre cuánto más puedes conservar al final del mes.

| COMIDA | | | COMPRAS | | | ENTRETENIMIENTO | | |
|---|---|---|---|---|---|---|---|---|
| Monto $ | Débito* | Crédito* | Monto $ | Débito | Crédito | Monto $ | Débito | Crédito |
| ________ | ☐ | ☐ | ________ | ☐ | ☐ | ________ | ☐ | ☐ |
| ________ | ☐ | ☐ | ________ | ☐ | ☐ | ________ | ☐ | ☐ |
| ________ | ☐ | ☐ | ________ | ☐ | ☐ | ________ | ☐ | ☐ |
| ________ | ☐ | ☐ | ________ | ☐ | ☐ | ________ | ☐ | ☐ |
| ________ | ☐ | ☐ | ________ | ☐ | ☐ | ________ | ☐ | ☐ |
| ________ | ☐ | ☐ | ________ | ☐ | ☐ | ________ | ☐ | ☐ |
| ________ | ☐ | ☐ | ________ | ☐ | ☐ | ________ | ☐ | ☐ |
| ________ | ☐ | ☐ | ________ | ☐ | ☐ | ________ | ☐ | ☐ |
| ________ | ☐ | ☐ | ________ | ☐ | ☐ | ________ | ☐ | ☐ |
| ________ | ☐ | ☐ | ________ | ☐ | ☐ | ________ | ☐ | ☐ |

*Débito: El dinero se descuenta de tu cuenta de inmediato (corriente o de ahorros) cuando lo gastas.
*Crédito: Las compras se suman a un saldo acumulado que debes pagar antes de la fecha de vencimiento para evitar intereses.

## Tus Zonas De Gastos Ocultos

Mes________________

Semana (círcula) 1 2 3 4 5

La comida, las compras y el entretenimiento son las principales categorías donde suele ocurrir el gasto impulsivo.

Haz seguimiento semanal de estas categorías (y de cualquier otra que sientas que está vaciando tu "cubeta" de dinero) y descubre cuánto más puedes conservar al final del mes.

| COMIDA | | | COMPRAS | | | ENTRETENIMIENTO | | |
|---|---|---|---|---|---|---|---|---|
| Monto $ | Débito* | Crédito* | Monto $ | Débito | Crédito | Monto $ | Débito | Crédito |
| ________ | ☐ | ☐ | ________ | ☐ | ☐ | ________ | ☐ | ☐ |
| ________ | ☐ | ☐ | ________ | ☐ | ☐ | ________ | ☐ | ☐ |
| ________ | ☐ | ☐ | ________ | ☐ | ☐ | ________ | ☐ | ☐ |
| ________ | ☐ | ☐ | ________ | ☐ | ☐ | ________ | ☐ | ☐ |
| ________ | ☐ | ☐ | ________ | ☐ | ☐ | ________ | ☐ | ☐ |
| ________ | ☐ | ☐ | ________ | ☐ | ☐ | ________ | ☐ | ☐ |
| ________ | ☐ | ☐ | ________ | ☐ | ☐ | ________ | ☐ | ☐ |
| ________ | ☐ | ☐ | ________ | ☐ | ☐ | ________ | ☐ | ☐ |
| ________ | ☐ | ☐ | ________ | ☐ | ☐ | ________ | ☐ | ☐ |
| ________ | ☐ | ☐ | ________ | ☐ | ☐ | ________ | ☐ | ☐ |

*Débito: El dinero se descuenta de tu cuenta de inmediato (corriente o de ahorros) cuando lo gastas.

*Crédito: Las compras se suman a un saldo acumulado que debes pagar antes de la fecha de vencimiento para evitar intereses.

# Registro De Gastos Con Tarjeta De Crédito

Gasta, paga, repite

| Fecha de pago | Nombre de Tarjeta | Cargos | Pagado | ¿El saldo sube o baja? |
|---|---|---|---|---|
| | | | | |
| | | | | |
| | | | | |
| | | | | |
| | | | | |
| | | | | |
| | | | | |
| | | | | |
| | | | | |
| | | | | |
| | | | | |
| | | | | |
| | | | | |
| | | | | |
| | | | | |
| | | | | |
| | | | | |
| | | | | |
| | | | | |
| | | | | |

# Domina Tu Sistema De Sobres Digitales

Simplifica tu presupuesto usando tres cuentas designadas para tus gastos.

## Tres Cuentas Esenciales

**1 CUENTA DE AHORROS** Ahorra para metas futuras y emergencias.

**2 CUENTA PARA GASTOS DEL HOGAR**

Cubre los gastos fijos y predecibles del hogar cada mes.

**3 CUENTA PARA GASTOS DIARIOS** Úsala para compras del día a día y gastos discrecionales.

**Automatiza las transferencias para que sea aún más fácil!**

# Reenfócate, Reflexiona y Anota

Usa este espacio para capturar tus pensamientos, metas o momentos de claridad:

"En cualquier momento tenemos dos opciones: avanzar hacia el crecimiento o retroceder hacia la seguridad." – Abraham Maslow

https://achievefinance.podia.com

# Calendario de Seguimiento de Facturas

**Mes:** ____________________

| Lunes | Martes | Miércoles | Jueves | Viernes | Sábado | Domingo | Suma Restante |
|---|---|---|---|---|---|---|---|
| ☐ | ☐ | ☐ | ☐ | ☐ | ☐ | ☐ | |
| ☐ | ☐ | ☐ | ☐ | ☐ | ☐ | ☐ | |
| ☐ | ☐ | ☐ | ☐ | ☐ | ☐ | ☐ | |
| ☐ | ☐ | ☐ | ☐ | ☐ | ☐ | ☐ | |
| ☐ | ☐ | ☐ | ☐ | ☐ | ☐ | ☐ | |

## Instrucciones

1. Anota tu ingreso neto en los días de pago.
2. Registra las facturas en sus fechas de vencimiento.
3. Anota otros gastos de este mes (seguro, días festivos, regalos).
4. Da seguimiento a la suma restante cada semana.
5. Si la suma es positiva, pásala a la siguiente semana.
6. Si es negativa, usa dinero de otra categoría.

**Registro Mensual De Facturas** MES________________________

Fijo: Los gastos que no cambian de un mes a otro

Variable: Los gastos que cambian de un mes a otro

**INGRESO NETO**____________________

## VIVIENDA

| Fecha | A quién pagaste | Monto | Fijo | Variable | Cuenta pagada de | Método de pago (Automático, Débito, Crédito) | ¿Aún debes? ¿Cuánto? (Saldo) |
|---|---|---|---|---|---|---|---|
| | | $ | ☐ | ☐ | | | |
| | | $ | ☐ | ☐ | | | |
| | | $ | ☐ | ☐ | | | |
| | | $ | ☐ | ☐ | | | |
| | | $ | ☐ | ☐ | | | |
| | | $ | ☐ | ☐ | | | |
| | | $ | ☐ | ☐ | | | |
| | | $ | ☐ | ☐ | | | |
| | | $ | ☐ | ☐ | | | |
| | | $ | ☐ | ☐ | | | |
| | | $ | ☐ | ☐ | | | |
| | | $ | ☐ | ☐ | | | |
| | | $ | ☐ | ☐ | | | |
| | | $ | ☐ | ☐ | | | |
| | **TOTAL** | | | | | | |

**¿Qué aprendiste sobre tus gastos de vivienda fijos y variables?** ____________________

**¿Dónde puede tu dinero trabajar mejor para ti?** ____________________

**¡Un uso más eficiente del dinero significa más para lo que realmente importa!**

## TRANSPORTE

| Fecha | A quién pagaste | Monto | Fijo | Variable | Cuenta pagada de | Método de pago (Automático, Débito, Crédito) | ¿Aún debes? ¿Cuánto? (Saldo) |
|---|---|---|---|---|---|---|---|
| | | $ | ☐ | ☐ | | | |
| | | $ | ☐ | ☐ | | | |
| | | $ | ☐ | ☐ | | | |
| | | $ | ☐ | ☐ | | | |
| | | $ | ☐ | ☐ | | | |
| | | $ | ☐ | ☐ | | | |
| | | $ | ☐ | ☐ | | | |
| | | $ | ☐ | ☐ | | | |
| | | $ | ☐ | ☐ | | | |
| | | $ | ☐ | ☐ | | | |
| | | $ | ☐ | ☐ | | | |
| | | $ | ☐ | ☐ | | | |
| | **TOTAL** | | | | | | |

**¿Qué aprendiste sobre tus gastos de vivienda fijos y variables?** ____________________

**¿Dónde puede tu dinero trabajar mejor para ti?** ____________________

**¡Un uso más eficiente del dinero significa más para lo que realmente importa!**

Registro Mensual De Facturas

MES________________________

Fijo: Los gastos que no cambian de un mes a otro

Variable: Los gastos que cambian de un mes a otro

INGRESO NETO ______________________

## MÍNIMOS DE DEUDA- Lo necesario para mantener la deuda al corriente

| Fecha | A quién pagaste | Monto | Fijo | Variable | Cuenta pagada de | Método de pago (Automático, Débito, Crédito) | ¿Aún debes? ¿Cuánto? (Saldo) |
|---|---|---|---|---|---|---|---|
| | | $ | ☐ | ☐ | | | |
| | | $ | ☐ | ☐ | | | |
| | | $ | ☐ | ☐ | | | |
| | | $ | ☐ | ☐ | | | |
| | | $ | ☐ | ☐ | | | |
| | | $ | ☐ | ☐ | | | |
| | | $ | ☐ | ☐ | | | |
| | | $ | ☐ | ☐ | | | |
| | | $ | ☐ | ☐ | | | |
| | | $ | ☐ | ☐ | | | |
| | | $ | ☐ | ☐ | | | |
| | | $ | ☐ | ☐ | | | |
| | | $ | ☐ | ☐ | | | |
| | | $ | ☐ | ☐ | | | |
| | TOTAL | ______ | | | | | |

¿Qué aprendiste sobre tus gastos de vivienda fijos y variables? ______________________

¿Dónde puede tu dinero trabajar mejor para ti? ______________________

¡Un uso más eficiente del dinero significa más para lo que realmente importa!

## GASTOS DE CUIDADO- Personales, hijos, mascotas

| Fecha | A quién pagaste | Monto | Fijo | Variable | Cuenta pagada de | Método de pago (Automático, Débito, Crédito) | ¿Aún debes? ¿Cuánto? (Saldo) |
|---|---|---|---|---|---|---|---|
| | | $ | ☐ | ☐ | | | |
| | | $ | ☐ | ☐ | | | |
| | | $ | ☐ | ☐ | | | |
| | | $ | ☐ | ☐ | | | |
| | | $ | ☐ | ☐ | | | |
| | | $ | ☐ | ☐ | | | |
| | | $ | ☐ | ☐ | | | |
| | | $ | ☐ | ☐ | | | |
| | | $ | ☐ | ☐ | | | |
| | | $ | ☐ | ☐ | | | |
| | | $ | ☐ | ☐ | | | |
| | | $ | ☐ | ☐ | | | |
| | | $ | ☐ | ☐ | | | |
| | TOTAL | ______ | | | | | |

¿Qué aprendiste sobre tus gastos de vivienda fijos y variables? ______________________

¿Dónde puede tu dinero trabajar mejor para ti? ______________________

¡Un uso más eficiente del dinero significa más para lo que realmente importa!

## Tus Zonas De Gastos Ocultos

Mes__________________

Semana (círcula) 1 2 3 4 5

La comida, las compras y el entretenimiento son las principales categorías donde suele ocurrir el gasto impulsivo.

Haz seguimiento semanal de estas categorías (y de cualquier otra que sientas que está vaciando tu "cubeta" de dinero) y descubre cuánto más puedes conservar al final del mes.

| **COMIDA** | | | **COMPRAS** | | | **ENTRETENIMIENTO** | | |
|---|---|---|---|---|---|---|---|---|
| Monto $ | Débito* | Crédito* | Monto $ | Débito | Crédito | Monto $ | Débito | Crédito |
| ________ | ☐ | ☐ | ________ | ☐ | ☐ | ________ | ☐ | ☐ |
| ________ | ☐ | ☐ | ________ | ☐ | ☐ | ________ | ☐ | ☐ |
| ________ | ☐ | ☐ | ________ | ☐ | ☐ | ________ | ☐ | ☐ |
| ________ | ☐ | ☐ | ________ | ☐ | ☐ | ________ | ☐ | ☐ |
| ________ | ☐ | ☐ | ________ | ☐ | ☐ | ________ | ☐ | ☐ |
| ________ | ☐ | ☐ | ________ | ☐ | ☐ | ________ | ☐ | ☐ |
| ________ | ☐ | ☐ | ________ | ☐ | ☐ | ________ | ☐ | ☐ |
| ________ | ☐ | ☐ | ________ | ☐ | ☐ | ________ | ☐ | ☐ |
| ________ | ☐ | ☐ | ________ | ☐ | ☐ | ________ | ☐ | ☐ |
| ________ | ☐ | ☐ | ________ | ☐ | ☐ | ________ | ☐ | ☐ |

*Débito: El dinero se descuenta de tu cuenta de inmediato (corriente o de ahorros) cuando lo gastas.

*Crédito: Las compras se suman a un saldo acumulado que debes pagar antes de la fecha de vencimiento para evitar intereses.

## Tus Zonas De Gastos Ocultos

Mes________________

Semana (círcula) 1 2 3 4 5

La comida, las compras y el entretenimiento son las principales categorías donde suele ocurrir el gasto impulsivo.

Haz seguimiento semanal de estas categorías (y de cualquier otra que sientas que está vaciando tu "cubeta" de dinero) y descubre cuánto más puedes conservar al final del mes.

| **COMIDA** | | | **COMPRAS** | | | **ENTRETENIMIENTO** | | |
|---|---|---|---|---|---|---|---|---|
| Monto $ | Débito* | Crédito* | Monto $ | Débito | Crédito | Monto $ | Débito | Crédito |
| ________ | ☐ | ☐ | ________ | ☐ | ☐ | ________ | ☐ | ☐ |
| ________ | ☐ | ☐ | ________ | ☐ | ☐ | ________ | ☐ | ☐ |
| ________ | ☐ | ☐ | ________ | ☐ | ☐ | ________ | ☐ | ☐ |
| ________ | ☐ | ☐ | ________ | ☐ | ☐ | ________ | ☐ | ☐ |
| ________ | ☐ | ☐ | ________ | ☐ | ☐ | ________ | ☐ | ☐ |
| ________ | ☐ | ☐ | ________ | ☐ | ☐ | ________ | ☐ | ☐ |
| ________ | ☐ | ☐ | ________ | ☐ | ☐ | ________ | ☐ | ☐ |
| ________ | ☐ | ☐ | ________ | ☐ | ☐ | ________ | ☐ | ☐ |
| ________ | ☐ | ☐ | ________ | ☐ | ☐ | ________ | ☐ | ☐ |
| ________ | ☐ | ☐ | ________ | ☐ | ☐ | ________ | ☐ | ☐ |

*Débito: El dinero se descuenta de tu cuenta de inmediato (corriente o de ahorros) cuando lo gastas.

*Crédito: Las compras se suman a un saldo acumulado que debes pagar antes de la fecha de vencimiento para evitar intereses.

## Tus Zonas De Gastos Ocultos

Mes________________

Semana (círcula) 1 2 3 4 5

La comida, las compras y el entretenimiento son las principales categorías donde suele ocurrir el gasto impulsivo.

Haz seguimiento semanal de estas categorías (y de cualquier otra que sientas que está vaciando tu "cubeta" de dinero) y descubre cuánto más puedes conservar al final del mes.

| **COMIDA** | | | **COMPRAS** | | | **ENTRETENIMIENTO** | | |
|---|---|---|---|---|---|---|---|---|
| Monto $ | Débito* | Crédito* | Monto $ | Débito | Crédito | Monto $ | Débito | Crédito |
| ________ | ☐ | ☐ | ________ | ☐ | ☐ | ________ | ☐ | ☐ |
| ________ | ☐ | ☐ | ________ | ☐ | ☐ | ________ | ☐ | ☐ |
| ________ | ☐ | ☐ | ________ | ☐ | ☐ | ________ | ☐ | ☐ |
| ________ | ☐ | ☐ | ________ | ☐ | ☐ | ________ | ☐ | ☐ |
| ________ | ☐ | ☐ | ________ | ☐ | ☐ | ________ | ☐ | ☐ |
| ________ | ☐ | ☐ | ________ | ☐ | ☐ | ________ | ☐ | ☐ |
| ________ | ☐ | ☐ | ________ | ☐ | ☐ | ________ | ☐ | ☐ |
| ________ | ☐ | ☐ | ________ | ☐ | ☐ | ________ | ☐ | ☐ |
| ________ | ☐ | ☐ | ________ | ☐ | ☐ | ________ | ☐ | ☐ |
| ________ | ☐ | ☐ | ________ | ☐ | ☐ | ________ | ☐ | ☐ |

*Débito: El dinero se descuenta de tu cuenta de inmediato (corriente o de ahorros) cuando lo gastas.
*Crédito: Las compras se suman a un saldo acumulado que debes pagar antes de la fecha de vencimiento para evitar intereses.

## Tus Zonas De Gastos Ocultos

Mes________________

Semana (círcula) 1 2 3 4 5

La comida, las compras y el entretenimiento son las principales categorías donde suele ocurrir el gasto impulsivo.

Haz seguimiento semanal de estas categorías (y de cualquier otra que sientas que está vaciando tu "cubeta" de dinero) y descubre cuánto más puedes conservar al final del mes.

| COMIDA | | | COMPRAS | | | ENTRETENIMIENTO | | |
|---|---|---|---|---|---|---|---|---|
| Monto $ | Débito* | Crédito* | Monto $ | Débito | Crédito | Monto $ | Débito | Crédito |
| ________ | ☐ | ☐ | ________ | ☐ | ☐ | ________ | ☐ | ☐ |
| ________ | ☐ | ☐ | ________ | ☐ | ☐ | ________ | ☐ | ☐ |
| ________ | ☐ | ☐ | ________ | ☐ | ☐ | ________ | ☐ | ☐ |
| ________ | ☐ | ☐ | ________ | ☐ | ☐ | ________ | ☐ | ☐ |
| ________ | ☐ | ☐ | ________ | ☐ | ☐ | ________ | ☐ | ☐ |
| ________ | ☐ | ☐ | ________ | ☐ | ☐ | ________ | ☐ | ☐ |
| ________ | ☐ | ☐ | ________ | ☐ | ☐ | ________ | ☐ | ☐ |
| ________ | ☐ | ☐ | ________ | ☐ | ☐ | ________ | ☐ | ☐ |
| ________ | ☐ | ☐ | ________ | ☐ | ☐ | ________ | ☐ | ☐ |
| ________ | ☐ | ☐ | ________ | ☐ | ☐ | ________ | ☐ | ☐ |

*Débito: El dinero se descuenta de tu cuenta de inmediato (corriente o de ahorros) cuando lo gastas.

*Crédito: Las compras se suman a un saldo acumulado que debes pagar antes de la fecha de vencimiento para evitar intereses.

# Registro De Gastos Con Tarjeta De Crédito

Gasta, paga, repite

| Fecha de pago | Nombre de Tarjeta | Cargos | Pagado | ¿El saldo sube o baja? |
|---|---|---|---|---|
| | | | | |
| | | | | |
| | | | | |
| | | | | |
| | | | | |
| | | | | |
| | | | | |
| | | | | |
| | | | | |
| | | | | |
| | | | | |
| | | | | |
| | | | | |
| | | | | |
| | | | | |
| | | | | |
| | | | | |
| | | | | |
| | | | | |
| | | | | |

# Explorando tus creencias sobre el dinero

Un viaje de autodescubrimiento

Tómate un momento para hacer una pausa, respirar y reflexionar sobre tu relación con el dinero. Este es un espacio seguro para explorar tus pensamientos y creencias sin juicios. Usa los globos de pensamiento a continuación para profundizar en tu subconsciente y descubrir las narrativas ocultas que influyen en tus decisiones financieras.

## Considera las siguientes preguntas

**¿Cuál fue la primera cosa que recuerdas haber aprendido sobre el dinero?¿De dónde viene esa creencia? ¿Cómo te impacta hoy?**

**Completa la frase: El dinero es _______.** ¿Por qué te sientes así? Explora las emociones conectadas con esta creencia.

## Próximos pasos

Ahora que has explorado algunas de tus creencias fundamentales sobre el dinero, considera los siguientes pasos:

- **Identifica creencias limitantes:** ¿Cuáles de tus creencias te están impidiendo alcanzar tus metas financieras?
  ______________________________
- **Cuestiona y replantea:** ¿Cómo puedes transformar esas creencias limitantes en creencias que te fortalezcan?
  ______________________________
- **Toma acción:** ¿Qué pequeños pasos puedes dar hoy para alinear tus acciones con tus nuevas creencias fortalecedoras?
  ______________________________

Recuerda, cambiar tu relación con el dinero es un camino, no un destino. Ten paciencia contigo mismo/a y celebra tu progreso a lo largo del proceso.

# Reenfócate, Reflexiona y Anota

Usa este espacio para capturar tus pensamientos, metas o momentos de claridad:

"Si crees que eres demasiado pequeño para marcar la diferencia, intenta dormir en una habitación con un mosquito." – Dalai Lama

https://achievefinance.podia.com

# Calendario de Seguimiento de Facturas

**Mes:** ____________________

| Lunes | Martes | Miércoles | Jueves | Viernes | Sábado | Domingo | Suma Restante |
|---|---|---|---|---|---|---|---|
| ☐ | ☐ | ☐ | ☐ | ☐ | ☐ | ☐ | |
| ☐ | ☐ | ☐ | ☐ | ☐ | ☐ | ☐ | |
| ☐ | ☐ | ☐ | ☐ | ☐ | ☐ | ☐ | |
| ☐ | ☐ | ☐ | ☐ | ☐ | ☐ | ☐ | |
| ☐ | ☐ | ☐ | ☐ | ☐ | ☐ | ☐ | |

## Instrucciones

1. Anota tu ingreso neto en los días de pago.
2. Registra las facturas en sus fechas de vencimiento.
3. Anota otros gastos de este mes (seguro, días festivos, regalos).
4. Da seguimiento a la suma restante cada semana.
5. Si la suma es positiva, pásala a la siguiente semana.
6. Si es negativa, usa dinero de otra categoría.

**Registro Mensual De Facturas** | **MES**________________________

Fijo: Los gastos que no cambian de un mes a otro

Variable: Los gastos que cambian de un mes a otro | **INGRESO NETO**____________________

## VIVIENDA

| Fecha | A quién pagaste | Monto | Fijo | Variable | Cuenta pagada de | Método de pago (Automático, Débito, Crédito) | ¿Aún debes? ¿Cuánto? (Saldo) |
|---|---|---|---|---|---|---|---|
| | | $ | ☐ | ☐ | | | |
| | | $ | ☐ | ☐ | | | |
| | | $ | ☐ | ☐ | | | |
| | | $ | ☐ | ☐ | | | |
| | | $ | ☐ | ☐ | | | |
| | | $ | ☐ | ☐ | | | |
| | | $ | ☐ | ☐ | | | |
| | | $ | ☐ | ☐ | | | |
| | | $ | ☐ | ☐ | | | |
| | | $ | ☐ | ☐ | | | |
| | | $ | ☐ | ☐ | | | |
| | | $ | ☐ | ☐ | | | |
| | | $ | ☐ | ☐ | | | |
| | | $ | ☐ | ☐ | | | |
| | **TOTAL** | ______ | | | | | |

**¿Qué aprendiste sobre tus gastos de vivienda fijos y variables?** ____________________

**¿Dónde puede tu dinero trabajar mejor para ti?** ____________________

**¡Un uso más eficiente del dinero significa más para lo que realmente importa!**

## TRANSPORTE

| Fecha | A quién pagaste | Monto | Fijo | Variable | Cuenta pagada de | Método de pago (Automático, Débito, Crédito) | ¿Aún debes? ¿Cuánto? (Saldo) |
|---|---|---|---|---|---|---|---|
| | | $ | ☐ | ☐ | | | |
| | | $ | ☐ | ☐ | | | |
| | | $ | ☐ | ☐ | | | |
| | | $ | ☐ | ☐ | | | |
| | | $ | ☐ | ☐ | | | |
| | | $ | ☐ | ☐ | | | |
| | | $ | ☐ | ☐ | | | |
| | | $ | ☐ | ☐ | | | |
| | | $ | ☐ | ☐ | | | |
| | | $ | ☐ | ☐ | | | |
| | | $ | ☐ | ☐ | | | |
| | | $ | ☐ | ☐ | | | |
| | **TOTAL** | ______ | | | | | |

**¿Qué aprendiste sobre tus gastos de vivienda fijos y variables?** ____________________

**¿Dónde puede tu dinero trabajar mejor para ti?** ____________________

**¡Un uso más eficiente del dinero significa más para lo que realmente importa!**

Registro Mensual De Facturas

MES____________________________

Fijo: Los gastos que no cambian de un mes a otro

Variable: Los gastos que cambian de un mes a otro

INGRESO NETO ______________________

## MÍNIMOS DE DEUDA- Lo necesario para mantener la deuda al corriente

| Fecha | A quién pagaste | Monto | Fijo | Variable | Cuenta pagada de | Método de pago (Automático, Débito, Crédito) | ¿Aún debes? ¿Cuánto? (Saldo) |
|---|---|---|---|---|---|---|---|
| | | $ | ☐ | ☐ | | | |
| | | $ | ☐ | ☐ | | | |
| | | $ | ☐ | ☐ | | | |
| | | $ | ☐ | ☐ | | | |
| | | $ | ☐ | ☐ | | | |
| | | $ | ☐ | ☐ | | | |
| | | $ | ☐ | ☐ | | | |
| | | $ | ☐ | ☐ | | | |
| | | $ | ☐ | ☐ | | | |
| | | $ | ☐ | ☐ | | | |
| | | $ | ☐ | ☐ | | | |
| | | $ | ☐ | ☐ | | | |
| | | $ | ☐ | ☐ | | | |
| | | $ | ☐ | ☐ | | | |
| | TOTAL | ________ | | | | | |

¿Qué aprendiste sobre tus gastos de vivienda fijos y variables? ______________________________

¿Dónde puede tu dinero trabajar mejor para ti? ______________________________

¡Un uso más eficiente del dinero significa más para lo que realmente importa!

## GASTOS DE CUIDADO- Personales, hijos, mascotas

| Fecha | A quién pagaste | Monto | Fijo | Variable | Cuenta pagada de | Método de pago (Automático, Débito, Crédito) | ¿Aún debes? ¿Cuánto? (Saldo) |
|---|---|---|---|---|---|---|---|
| | | $ | ☐ | ☐ | | | |
| | | $ | ☐ | ☐ | | | |
| | | $ | ☐ | ☐ | | | |
| | | $ | ☐ | ☐ | | | |
| | | $ | ☐ | ☐ | | | |
| | | $ | ☐ | ☐ | | | |
| | | $ | ☐ | ☐ | | | |
| | | $ | ☐ | ☐ | | | |
| | | $ | ☐ | ☐ | | | |
| | | $ | ☐ | ☐ | | | |
| | | $ | ☐ | ☐ | | | |
| | | $ | ☐ | ☐ | | | |
| | | $ | ☐ | ☐ | | | |
| | TOTAL | ________ | | | | | |

¿Qué aprendiste sobre tus gastos de vivienda fijos y variables? ______________________________

¿Dónde puede tu dinero trabajar mejor para ti? ______________________________

¡Un uso más eficiente del dinero significa más para lo que realmente importa!

## Tus Zonas De Gastos Ocultos

Mes________________

Semana (círcula) 1 2 3 4 5

La comida, las compras y el entretenimiento son las principales categorías donde suele ocurrir el gasto impulsivo.

Haz seguimiento semanal de estas categorías (y de cualquier otra que sientas que está vaciando tu "cubeta" de dinero) y descubre cuánto más puedes conservar al final del mes.

| **COMIDA** | | | **COMPRAS** | | | **ENTRETENIMIENTO** | | |
|---|---|---|---|---|---|---|---|---|
| Monto $ | Débito* | Crédito* | Monto $ | Débito | Crédito | Monto $ | Débito | Crédito |
| ________ | ☐ | ☐ | ________ | ☐ | ☐ | ________ | ☐ | ☐ |
| ________ | ☐ | ☐ | ________ | ☐ | ☐ | ________ | ☐ | ☐ |
| ________ | ☐ | ☐ | ________ | ☐ | ☐ | ________ | ☐ | ☐ |
| ________ | ☐ | ☐ | ________ | ☐ | ☐ | ________ | ☐ | ☐ |
| ________ | ☐ | ☐ | ________ | ☐ | ☐ | ________ | ☐ | ☐ |
| ________ | ☐ | ☐ | ________ | ☐ | ☐ | ________ | ☐ | ☐ |
| ________ | ☐ | ☐ | ________ | ☐ | ☐ | ________ | ☐ | ☐ |
| ________ | ☐ | ☐ | ________ | ☐ | ☐ | ________ | ☐ | ☐ |
| ________ | ☐ | ☐ | ________ | ☐ | ☐ | ________ | ☐ | ☐ |
| ________ | ☐ | ☐ | ________ | ☐ | ☐ | ________ | ☐ | ☐ |

*Débito: El dinero se descuenta de tu cuenta de inmediato (corriente o de ahorros) cuando lo gastas.
*Crédito: Las compras se suman a un saldo acumulado que debes pagar antes de la fecha de vencimiento para evitar intereses.

## Tus Zonas De Gastos Ocultos

Mes__________________

Semana (círcula) 1 2 3 4 5

La comida, las compras y el entretenimiento son las principales categorías donde suele ocurrir el gasto impulsivo.

Haz seguimiento semanal de estas categorías (y de cualquier otra que sientas que está vaciando tu “cubeta” de dinero) y descubre cuánto más puedes conservar al final del mes.

| COMIDA | | | COMPRAS | | | ENTRETENIMIENTO | | |
|---|---|---|---|---|---|---|---|---|
| Monto $ | Débito* | Crédito* | Monto $ | Débito | Crédito | Monto $ | Débito | Crédito |
| ________ | ☐ | ☐ | ________ | ☐ | ☐ | ________ | ☐ | ☐ |
| ________ | ☐ | ☐ | ________ | ☐ | ☐ | ________ | ☐ | ☐ |
| ________ | ☐ | ☐ | ________ | ☐ | ☐ | ________ | ☐ | ☐ |
| ________ | ☐ | ☐ | ________ | ☐ | ☐ | ________ | ☐ | ☐ |
| ________ | ☐ | ☐ | ________ | ☐ | ☐ | ________ | ☐ | ☐ |
| ________ | ☐ | ☐ | ________ | ☐ | ☐ | ________ | ☐ | ☐ |
| ________ | ☐ | ☐ | ________ | ☐ | ☐ | ________ | ☐ | ☐ |
| ________ | ☐ | ☐ | ________ | ☐ | ☐ | ________ | ☐ | ☐ |
| ________ | ☐ | ☐ | ________ | ☐ | ☐ | ________ | ☐ | ☐ |
| ________ | ☐ | ☐ | ________ | ☐ | ☐ | ________ | ☐ | ☐ |

*Débito: El dinero se descuenta de tu cuenta de inmediato (corriente o de ahorros) cuando lo gastas.
*Crédito: Las compras se suman a un saldo acumulado que debes pagar antes de la fecha de vencimiento para evitar intereses.

## Tus Zonas De Gastos Ocultos

Mes________________

Semana (círcula) 1 2 3 4 5

La comida, las compras y el entretenimiento son las principales categorías donde suele ocurrir el gasto impulsivo.

Haz seguimiento semanal de estas categorías (y de cualquier otra que sientas que está vaciando tu “cubeta” de dinero) y descubre cuánto más puedes conservar al final del mes.

| **COMIDA** | | | **COMPRAS** | | | **ENTRETENIMIENTO** | | |
|---|---|---|---|---|---|---|---|---|
| Monto **$** | Débito* | Crédito* | Monto **$** | Débito | Crédito | Monto **$** | Débito | Crédito |
| ________ | ☐ | ☐ | ________ | ☐ | ☐ | ________ | ☐ | ☐ |
| ________ | ☐ | ☐ | ________ | ☐ | ☐ | ________ | ☐ | ☐ |
| ________ | ☐ | ☐ | ________ | ☐ | ☐ | ________ | ☐ | ☐ |
| ________ | ☐ | ☐ | ________ | ☐ | ☐ | ________ | ☐ | ☐ |
| ________ | ☐ | ☐ | ________ | ☐ | ☐ | ________ | ☐ | ☐ |
| ________ | ☐ | ☐ | ________ | ☐ | ☐ | ________ | ☐ | ☐ |
| ________ | ☐ | ☐ | ________ | ☐ | ☐ | ________ | ☐ | ☐ |
| ________ | ☐ | ☐ | ________ | ☐ | ☐ | ________ | ☐ | ☐ |
| ________ | ☐ | ☐ | ________ | ☐ | ☐ | ________ | ☐ | ☐ |
| ________ | ☐ | ☐ | ________ | ☐ | ☐ | ________ | ☐ | ☐ |

*Débito: El dinero se descuenta de tu cuenta de inmediato (corriente o de ahorros) cuando lo gastas.

*Crédito: Las compras se suman a un saldo acumulado que debes pagar antes de la fecha de vencimiento para evitar intereses.

# Tus Zonas De Gastos Ocultos

Mes________________

Semana (círcula) 1 2 3 4 5

La comida, las compras y el entretenimiento son las principales categorías donde suele ocurrir el gasto impulsivo.

Haz seguimiento semanal de estas categorías (y de cualquier otra que sientas que está vaciando tu "cubeta" de dinero) y descubre cuánto más puedes conservar al final del mes.

| COMIDA | | | COMPRAS | | | ENTRETENIMIENTO | | |
|---|---|---|---|---|---|---|---|---|
| Monto $ | Débito* | Crédito* | Monto $ | Débito | Crédito | Monto $ | Débito | Crédito |
| ________ | ☐ | ☐ | ________ | ☐ | ☐ | ________ | ☐ | ☐ |
| ________ | ☐ | ☐ | ________ | ☐ | ☐ | ________ | ☐ | ☐ |
| ________ | ☐ | ☐ | ________ | ☐ | ☐ | ________ | ☐ | ☐ |
| ________ | ☐ | ☐ | ________ | ☐ | ☐ | ________ | ☐ | ☐ |
| ________ | ☐ | ☐ | ________ | ☐ | ☐ | ________ | ☐ | ☐ |
| ________ | ☐ | ☐ | ________ | ☐ | ☐ | ________ | ☐ | ☐ |
| ________ | ☐ | ☐ | ________ | ☐ | ☐ | ________ | ☐ | ☐ |
| ________ | ☐ | ☐ | ________ | ☐ | ☐ | ________ | ☐ | ☐ |
| ________ | ☐ | ☐ | ________ | ☐ | ☐ | ________ | ☐ | ☐ |
| ________ | ☐ | ☐ | ________ | ☐ | ☐ | ________ | ☐ | ☐ |

*Débito: El dinero se descuenta de tu cuenta de inmediato (corriente o de ahorros) cuando lo gastas.

*Crédito: Las compras se suman a un saldo acumulado que debes pagar antes de la fecha de vencimiento para evitar intereses.

# Reenfócate, Reflexiona y Anota

Usa este espacio para capturar tus pensamientos, metas o momentos de claridad:

"Si crees que eres demasiado pequeño para marcar la diferencia, intenta dormir en una habitación con un mosquito." – Dalai Lama

https://achievefinance.podia.com

# Registra y Enfrenta Tus Deudas

**Reduce tus deudas, un mes a la vez**
Usa esta tabla para listar tus deudas, dar seguimiento a tus pagos mínimos y pagos extra, y ver cómo tus saldos disminuyen. Ver tu progreso mes a mes te ayuda a mantenerte motivado/a y enfocado/a. ¡Cada dólar adicional te acerca un paso más a la libertad financiera—sigue adelante!

| | Préstamo ________ | Préstamo ________ | Préstamo ________ | Préstamo ________ | Préstamo ________ | Préstamo ________ |
|---|---|---|---|---|---|---|
| Saldo Inicial | | | | | | |
| Pago mínimo | | | | | | |
| Pago extra (elige una deuda para enfocarte) | | | | | | |
| Mes ________ | | | | | | |
| Mes ________ | | | | | | |
| Mes ________ | | | | | | |
| Total Pagado | | | | | | |
| ¡Deuda pagada! | | | | | | |

**Bola de nieve vs. avalancha: ¿cuál es la diferencia?**

**Ambos son métodos populares para pagar deudas, pero utilizan estrategias distintas para mantenerte motivado/a:**

**Bola de nieve**

**Enfócate primero en la deuda con el saldo más pequeño**

**→ Haz los pagos mínimos en las demás**

**→ Destina todo el dinero extra a la deuda más pequeña**

**✓ ¡Los logros rápidos generan confianza y motivación!**

**Avalancha**

**Enfócate primero en la deuda con la tasa de interés más alta**

**→ Paga los mínimos en las demás**

**→ Destina todo el dinero extra a la deuda con mayor interés**

**✓ Ahorra más dinero a largo plazo**

**Registro Mensual De Facturas** | **MES**___________________________

Fijo: Los gastos que no cambian de un mes a otro
Variable: Los gastos que cambian de un mes a otro

**INGRESO NETO**_______________________

## VIVIENDA

| Fecha | A quién pagaste | Monto | Fijo | Variable | Cuenta pagada de | Método de pago (Automático, Débito, Crédito) | ¿Aún debes? ¿Cuánto? (Saldo) |
|---|---|---|---|---|---|---|---|
| | | $ | ☐ | ☐ | | | |
| | | $ | ☐ | ☐ | | | |
| | | $ | ☐ | ☐ | | | |
| | | $ | ☐ | ☐ | | | |
| | | $ | ☐ | ☐ | | | |
| | | $ | ☐ | ☐ | | | |
| | | $ | ☐ | ☐ | | | |
| | | $ | ☐ | ☐ | | | |
| | | $ | ☐ | ☐ | | | |
| | | $ | ☐ | ☐ | | | |
| | | $ | ☐ | ☐ | | | |
| | | $ | ☐ | ☐ | | | |
| | | $ | ☐ | ☐ | | | |
| | | $ | ☐ | ☐ | | | |
| | **TOTAL** | | | | | | |

**¿Qué aprendiste sobre tus gastos de vivienda fijos y variables?**

**¿Dónde puede tu dinero trabajar mejor para ti?**

**¡Un uso más eficiente del dinero significa más para lo que realmente importa!**

## TRANSPORTE

| Fecha | A quién pagaste | Monto | Fijo | Variable | Cuenta pagada de | Método de pago (Automático, Débito, Crédito) | ¿Aún debes? ¿Cuánto? (Saldo) |
|---|---|---|---|---|---|---|---|
| | | $ | ☐ | ☐ | | | |
| | | $ | ☐ | ☐ | | | |
| | | $ | ☐ | ☐ | | | |
| | | $ | ☐ | ☐ | | | |
| | | $ | ☐ | ☐ | | | |
| | | $ | ☐ | ☐ | | | |
| | | $ | ☐ | ☐ | | | |
| | | $ | ☐ | ☐ | | | |
| | | $ | ☐ | ☐ | | | |
| | | $ | ☐ | ☐ | | | |
| | | $ | ☐ | ☐ | | | |
| | | $ | ☐ | ☐ | | | |
| | **TOTAL** | | | | | | |

**¿Qué aprendiste sobre tus gastos de vivienda fijos y variables?**

**¿Dónde puede tu dinero trabajar mejor para ti?**

**¡Un uso más eficiente del dinero significa más para lo que realmente importa!**

Registro Mensual De Facturas

MES____________________________

Fijo: Los gastos que no cambian de un mes a otro

Variable: Los gastos que cambian de un mes a otro

INGRESO NETO ______________________

## MÍNIMOS DE DEUDA- Lo necesario para mantener la deuda al corriente

| Fecha | A quién pagaste | Monto | Fijo | Variable | Cuenta pagada de | Método de pago (Automático, Débito, Crédito) | ¿Aún debes? ¿Cuánto? (Saldo) |
|---|---|---|---|---|---|---|---|
| | | $ | ☐ | ☐ | | | |
| | | $ | ☐ | ☐ | | | |
| | | $ | ☐ | ☐ | | | |
| | | $ | ☐ | ☐ | | | |
| | | $ | ☐ | ☐ | | | |
| | | $ | ☐ | ☐ | | | |
| | | $ | ☐ | ☐ | | | |
| | | $ | ☐ | ☐ | | | |
| | | $ | ☐ | ☐ | | | |
| | | $ | ☐ | ☐ | | | |
| | | $ | ☐ | ☐ | | | |
| | | $ | ☐ | ☐ | | | |
| | | $ | ☐ | ☐ | | | |
| | | $ | ☐ | ☐ | | | |
| | TOTAL | ______ | | | | | |

¿Qué aprendiste sobre tus gastos de vivienda fijos y variables? ____________________

¿Dónde puede tu dinero trabajar mejor para ti? ____________________

¡Un uso más eficiente del dinero significa más para lo que realmente importa!

## GASTOS DE CUIDADO- Personales, hijos, mascotas

| Fecha | A quién pagaste | Monto | Fijo | Variable | Cuenta pagada de | Método de pago (Automático, Débito, Crédito) | ¿Aún debes? ¿Cuánto? (Saldo) |
|---|---|---|---|---|---|---|---|
| | | $ | ☐ | ☐ | | | |
| | | $ | ☐ | ☐ | | | |
| | | $ | ☐ | ☐ | | | |
| | | $ | ☐ | ☐ | | | |
| | | $ | ☐ | ☐ | | | |
| | | $ | ☐ | ☐ | | | |
| | | $ | ☐ | ☐ | | | |
| | | $ | ☐ | ☐ | | | |
| | | $ | ☐ | ☐ | | | |
| | | $ | ☐ | ☐ | | | |
| | | $ | ☐ | ☐ | | | |
| | | $ | ☐ | ☐ | | | |
| | | $ | ☐ | ☐ | | | |
| | TOTAL | ______ | | | | | |

¿Qué aprendiste sobre tus gastos de vivienda fijos y variables? ____________________

¿Dónde puede tu dinero trabajar mejor para ti? ____________________

¡Un uso más eficiente del dinero significa más para lo que realmente importa!

## Tus Zonas De Gastos Ocultos

Mes__________________

Semana (círcula) 1 2 3 4 5

La comida, las compras y el entretenimiento son las principales categorías donde suele ocurrir el gasto impulsivo.

Haz seguimiento semanal de estas categorías (y de cualquier otra que sientas que está vaciando tu "cubeta" de dinero) y descubre cuánto más puedes conservar al final del mes.

| **COMIDA** | | | **COMPRAS** | | | **ENTRETENIMIENTO** | | |
|---|---|---|---|---|---|---|---|---|
| Monto $ | Débito* | Crédito* | Monto $ | Débito | Crédito | Monto $ | Débito | Crédito |
| ________ | ☐ | ☐ | ________ | ☐ | ☐ | ________ | ☐ | ☐ |
| ________ | ☐ | ☐ | ________ | ☐ | ☐ | ________ | ☐ | ☐ |
| ________ | ☐ | ☐ | ________ | ☐ | ☐ | ________ | ☐ | ☐ |
| ________ | ☐ | ☐ | ________ | ☐ | ☐ | ________ | ☐ | ☐ |
| ________ | ☐ | ☐ | ________ | ☐ | ☐ | ________ | ☐ | ☐ |
| ________ | ☐ | ☐ | ________ | ☐ | ☐ | ________ | ☐ | ☐ |
| ________ | ☐ | ☐ | ________ | ☐ | ☐ | ________ | ☐ | ☐ |
| ________ | ☐ | ☐ | ________ | ☐ | ☐ | ________ | ☐ | ☐ |
| ________ | ☐ | ☐ | ________ | ☐ | ☐ | ________ | ☐ | ☐ |
| ________ | ☐ | ☐ | ________ | ☐ | ☐ | ________ | ☐ | ☐ |

*Débito: El dinero se descuenta de tu cuenta de inmediato (corriente o de ahorros) cuando lo gastas.
*Crédito: Las compras se suman a un saldo acumulado que debes pagar antes de la fecha de vencimiento para evitar intereses.

## Tus Zonas De Gastos Ocultos

Mes________________

Semana (círcula) 1 2 3 4 5

La comida, las compras y el entretenimiento son las principales categorías donde suele ocurrir el gasto impulsivo.

Haz seguimiento semanal de estas categorías (y de cualquier otra que sientas que está vaciando tu "cubeta" de dinero) y descubre cuánto más puedes conservar al final del mes.

| **COMIDA** | | | **COMPRAS** | | | **ENTRETENIMIENTO** | | |
|---|---|---|---|---|---|---|---|---|
| Monto $ | Débito* | Crédito* | Monto $ | Débito | Crédito | Monto $ | Débito | Crédito |
| ________ | ☐ | ☐ | ________ | ☐ | ☐ | ________ | ☐ | ☐ |
| ________ | ☐ | ☐ | ________ | ☐ | ☐ | ________ | ☐ | ☐ |
| ________ | ☐ | ☐ | ________ | ☐ | ☐ | ________ | ☐ | ☐ |
| ________ | ☐ | ☐ | ________ | ☐ | ☐ | ________ | ☐ | ☐ |
| ________ | ☐ | ☐ | ________ | ☐ | ☐ | ________ | ☐ | ☐ |
| ________ | ☐ | ☐ | ________ | ☐ | ☐ | ________ | ☐ | ☐ |
| ________ | ☐ | ☐ | ________ | ☐ | ☐ | ________ | ☐ | ☐ |
| ________ | ☐ | ☐ | ________ | ☐ | ☐ | ________ | ☐ | ☐ |
| ________ | ☐ | ☐ | ________ | ☐ | ☐ | ________ | ☐ | ☐ |
| ________ | ☐ | ☐ | ________ | ☐ | ☐ | ________ | ☐ | ☐ |

*Débito: El dinero se descuenta de tu cuenta de inmediato (corriente o de ahorros) cuando lo gastas.
*Crédito: Las compras se suman a un saldo acumulado que debes pagar antes de la fecha de vencimiento para evitar intereses.

## Tus Zonas De Gastos Ocultos

Mes________________

Semana (círcula) 1 2 3 4 5

La comida, las compras y el entretenimiento son las principales categorías donde suele ocurrir el gasto impulsivo.

Haz seguimiento semanal de estas categorías (y de cualquier otra que sientas que está vaciando tu "cubeta" de dinero) y descubre cuánto más puedes conservar al final del mes.

| COMIDA | | | COMPRAS | | | ENTRETENIMIENTO | | |
|---|---|---|---|---|---|---|---|---|
| Monto $ | Débito* | Crédito* | Monto $ | Débito | Crédito | Monto $ | Débito | Crédito |
| ________ | ☐ | ☐ | ________ | ☐ | ☐ | ________ | ☐ | ☐ |
| ________ | ☐ | ☐ | ________ | ☐ | ☐ | ________ | ☐ | ☐ |
| ________ | ☐ | ☐ | ________ | ☐ | ☐ | ________ | ☐ | ☐ |
| ________ | ☐ | ☐ | ________ | ☐ | ☐ | ________ | ☐ | ☐ |
| ________ | ☐ | ☐ | ________ | ☐ | ☐ | ________ | ☐ | ☐ |
| ________ | ☐ | ☐ | ________ | ☐ | ☐ | ________ | ☐ | ☐ |
| ________ | ☐ | ☐ | ________ | ☐ | ☐ | ________ | ☐ | ☐ |
| ________ | ☐ | ☐ | ________ | ☐ | ☐ | ________ | ☐ | ☐ |
| ________ | ☐ | ☐ | ________ | ☐ | ☐ | ________ | ☐ | ☐ |
| ________ | ☐ | ☐ | ________ | ☐ | ☐ | ________ | ☐ | ☐ |

*Débito: El dinero se descuenta de tu cuenta de inmediato (corriente o de ahorros) cuando lo gastas.

*Crédito: Las compras se suman a un saldo acumulado que debes pagar antes de la fecha de vencimiento para evitar intereses.

## Tus Zonas De Gastos Ocultos

Mes________________

Semana (círcula) 1 2 3 4 5

La comida, las compras y el entretenimiento son las principales categorías donde suele ocurrir el gasto impulsivo.

Haz seguimiento semanal de estas categorías (y de cualquier otra que sientas que está vaciando tu "cubeta" de dinero) y descubre cuánto más puedes conservar al final del mes.

| **COMIDA** | | | **COMPRAS** | | | **ENTRETENIMIENTO** | | |
|---|---|---|---|---|---|---|---|---|
| Monto $ | Débito* | Crédito* | Monto $ | Débito | Crédito | Monto $ | Débito | Crédito |
| ________ | ☐ | ☐ | ________ | ☐ | ☐ | ________ | ☐ | ☐ |
| ________ | ☐ | ☐ | ________ | ☐ | ☐ | ________ | ☐ | ☐ |
| ________ | ☐ | ☐ | ________ | ☐ | ☐ | ________ | ☐ | ☐ |
| ________ | ☐ | ☐ | ________ | ☐ | ☐ | ________ | ☐ | ☐ |
| ________ | ☐ | ☐ | ________ | ☐ | ☐ | ________ | ☐ | ☐ |
| ________ | ☐ | ☐ | ________ | ☐ | ☐ | ________ | ☐ | ☐ |
| ________ | ☐ | ☐ | ________ | ☐ | ☐ | ________ | ☐ | ☐ |
| ________ | ☐ | ☐ | ________ | ☐ | ☐ | ________ | ☐ | ☐ |
| ________ | ☐ | ☐ | ________ | ☐ | ☐ | ________ | ☐ | ☐ |
| ________ | ☐ | ☐ | ________ | ☐ | ☐ | ________ | ☐ | ☐ |

*Débito: El dinero se descuenta de tu cuenta de inmediato (corriente o de ahorros) cuando lo gastas.
*Crédito: Las compras se suman a un saldo acumulado que debes pagar antes de la fecha de vencimiento para evitar intereses.

# Registro De Gastos Con Tarjeta De Crédito

Gasta, paga, repite

| Fecha de pago | Nombre de Tarjeta | Cargos | Pagado | ¿El saldo sube o baja? |
|---|---|---|---|---|
| | | | | |
| | | | | |
| | | | | |
| | | | | |
| | | | | |
| | | | | |
| | | | | |
| | | | | |
| | | | | |
| | | | | |
| | | | | |
| | | | | |
| | | | | |
| | | | | |
| | | | | |
| | | | | |
| | | | | |
| | | | | |
| | | | | |
| | | | | |

# PLANIFICADOR DE METAS SMART

Usa esta hoja de trabajo para establecer y dar seguimiento a tu próxima meta financiera.

Recuerda: las metas **SMART** son **Especificas**, **Medibles**, **Alcanzables**, **Relevantes** y con un **Tiempo definido**.

## Definición de la meta

**Especifica (S):** Quiero ____________________________________________

**Medible (M):** Haré seguimiento a mi progreso mediante ______________________________

**Alcanzable (A):**

□ Sí

□ No

□ Aún no estoy seguro/a

**Relevante (R):** Esta meta es importante para mi porque

______________________________

______________________________

______________________________

**Con tiempo definido (T):**

Fecha de inicio: ____________________

**Time-bound (T):**

Fecha de finalización: ____________________

## Notas y pasos de acción

______________________________________________________________

______________________________________________________________

______________________________________________________________

______________________________________________________________

## Tus Zonas De Gastos Ocultos

Mes__________________

Semana (círcula) 1 2 3 4 5

La comida, las compras y el entretenimiento son las principales categorías donde suele ocurrir el gasto impulsivo.

Haz seguimiento semanal de estas categorías (y de cualquier otra que sientas que está vaciando tu "cubeta" de dinero) y descubre cuánto más puedes conservar al final del mes.

| **COMIDA** | | | **COMPRAS** | | | **ENTRETENIMIENTO** | | |
|---|---|---|---|---|---|---|---|---|
| Monto $ | Débito* | Crédito* | Monto $ | Débito | Crédito | Monto $ | Débito | Crédito |
| ________ | ☐ | ☐ | ________ | ☐ | ☐ | ________ | ☐ | ☐ |
| ________ | ☐ | ☐ | ________ | ☐ | ☐ | ________ | ☐ | ☐ |
| ________ | ☐ | ☐ | ________ | ☐ | ☐ | ________ | ☐ | ☐ |
| ________ | ☐ | ☐ | ________ | ☐ | ☐ | ________ | ☐ | ☐ |
| ________ | ☐ | ☐ | ________ | ☐ | ☐ | ________ | ☐ | ☐ |
| ________ | ☐ | ☐ | ________ | ☐ | ☐ | ________ | ☐ | ☐ |
| ________ | ☐ | ☐ | ________ | ☐ | ☐ | ________ | ☐ | ☐ |
| ________ | ☐ | ☐ | ________ | ☐ | ☐ | ________ | ☐ | ☐ |
| ________ | ☐ | ☐ | ________ | ☐ | ☐ | ________ | ☐ | ☐ |
| ________ | ☐ | ☐ | ________ | ☐ | ☐ | ________ | ☐ | ☐ |

*Débito: El dinero se descuenta de tu cuenta de inmediato (corriente o de ahorros) cuando lo gastas.
*Crédito: Las compras se suman a un saldo acumulado que debes pagar antes de la fecha de vencimiento para evitar intereses.

# Tus Zonas De Gastos Ocultos

Mes________________

Semana (círcula) 1 2 3 4 5

La comida, las compras y el entretenimiento son las principales categorías donde suele ocurrir el gasto impulsivo.

Haz seguimiento semanal de estas categorías (y de cualquier otra que sientas que está vaciando tu “cubeta” de dinero) y descubre cuánto más puedes conservar al final del mes.

| **COMIDA** | | | **COMPRAS** | | | **ENTRETENIMIENTO** | | |
|---|---|---|---|---|---|---|---|---|
| Monto $ | Débito* | Crédito* | Monto $ | Débito | Crédito | Monto $ | Débito | Crédito |
| ________ | ☐ | ☐ | ________ | ☐ | ☐ | ________ | ☐ | ☐ |
| ________ | ☐ | ☐ | ________ | ☐ | ☐ | ________ | ☐ | ☐ |
| ________ | ☐ | ☐ | ________ | ☐ | ☐ | ________ | ☐ | ☐ |
| ________ | ☐ | ☐ | ________ | ☐ | ☐ | ________ | ☐ | ☐ |
| ________ | ☐ | ☐ | ________ | ☐ | ☐ | ________ | ☐ | ☐ |
| ________ | ☐ | ☐ | ________ | ☐ | ☐ | ________ | ☐ | ☐ |
| ________ | ☐ | ☐ | ________ | ☐ | ☐ | ________ | ☐ | ☐ |
| ________ | ☐ | ☐ | ________ | ☐ | ☐ | ________ | ☐ | ☐ |
| ________ | ☐ | ☐ | ________ | ☐ | ☐ | ________ | ☐ | ☐ |
| ________ | ☐ | ☐ | ________ | ☐ | ☐ | ________ | ☐ | ☐ |

*Débito: El dinero se descuenta de tu cuenta de inmediato (corriente o de ahorros) cuando lo gastas.

*Crédito: Las compras se suman a un saldo acumulado que debes pagar antes de la fecha de vencimiento para evitar intereses.

## Tus Zonas De Gastos Ocultos

Mes________________

Semana (círcula) 1 2 3 4 5

La comida, las compras y el entretenimiento son las principales categorías donde suele ocurrir el gasto impulsivo.

Haz seguimiento semanal de estas categorías (y de cualquier otra que sientas que está vaciando tu "cubeta" de dinero) y descubre cuánto más puedes conservar al final del mes.

| COMIDA | | | COMPRAS | | | ENTRETENIMIENTO | | |
|---|---|---|---|---|---|---|---|---|
| Monto $ | Débito* | Crédito* | Monto $ | Débito | Crédito | Monto $ | Débito | Crédito |
| ________ | ☐ | ☐ | ________ | ☐ | ☐ | ________ | ☐ | ☐ |
| ________ | ☐ | ☐ | ________ | ☐ | ☐ | ________ | ☐ | ☐ |
| ________ | ☐ | ☐ | ________ | ☐ | ☐ | ________ | ☐ | ☐ |
| ________ | ☐ | ☐ | ________ | ☐ | ☐ | ________ | ☐ | ☐ |
| ________ | ☐ | ☐ | ________ | ☐ | ☐ | ________ | ☐ | ☐ |
| ________ | ☐ | ☐ | ________ | ☐ | ☐ | ________ | ☐ | ☐ |
| ________ | ☐ | ☐ | ________ | ☐ | ☐ | ________ | ☐ | ☐ |
| ________ | ☐ | ☐ | ________ | ☐ | ☐ | ________ | ☐ | ☐ |
| ________ | ☐ | ☐ | ________ | ☐ | ☐ | ________ | ☐ | ☐ |
| ________ | ☐ | ☐ | ________ | ☐ | ☐ | ________ | ☐ | ☐ |

*Débito: El dinero se descuenta de tu cuenta de inmediato (corriente o de ahorros) cuando lo gastas.

*Crédito: Las compras se suman a un saldo acumulado que debes pagar antes de la fecha de vencimiento para evitar intereses.

# Tus Zonas De Gastos Ocultos

Mes__________________

Semana (círcula) 1 2 3 4 5

La comida, las compras y el entretenimiento son las principales categorías donde suele ocurrir el gasto impulsivo.

Haz seguimiento semanal de estas categorías (y de cualquier otra que sientas que está vaciando tu “cubeta” de dinero) y descubre cuánto más puedes conservar al final del mes.

| **COMIDA** | | | **COMPRAS** | | | **ENTRETENIMIENTO** | | |
|---|---|---|---|---|---|---|---|---|
| Monto $ | Débito* | Crédito* | Monto $ | Débito | Crédito | Monto $ | Débito | Crédito |
| ________ | ☐ | ☐ | ________ | ☐ | ☐ | ________ | ☐ | ☐ |
| ________ | ☐ | ☐ | ________ | ☐ | ☐ | ________ | ☐ | ☐ |
| ________ | ☐ | ☐ | ________ | ☐ | ☐ | ________ | ☐ | ☐ |
| ________ | ☐ | ☐ | ________ | ☐ | ☐ | ________ | ☐ | ☐ |
| ________ | ☐ | ☐ | ________ | ☐ | ☐ | ________ | ☐ | ☐ |
| ________ | ☐ | ☐ | ________ | ☐ | ☐ | ________ | ☐ | ☐ |
| ________ | ☐ | ☐ | ________ | ☐ | ☐ | ________ | ☐ | ☐ |
| ________ | ☐ | ☐ | ________ | ☐ | ☐ | ________ | ☐ | ☐ |
| ________ | ☐ | ☐ | ________ | ☐ | ☐ | ________ | ☐ | ☐ |
| ________ | ☐ | ☐ | ________ | ☐ | ☐ | ________ | ☐ | ☐ |

*Débito: El dinero se descuenta de tu cuenta de inmediato (corriente o de ahorros) cuando lo gastas.
*Crédito: Las compras se suman a un saldo acumulado que debes pagar antes de la fecha de vencimiento para evitar intereses.

# Reenfócate, Reflexiona y Anota

Usa este espacio para capturar tus pensamientos, metas o momentos de claridad:

"El secreto del cambio es enfocar toda tu energía no en luchar contra lo viejo, sino en construir lo nuevo." – Sócrates

https://achievefinance.podia.com

# Calendario de Seguimiento de Facturas

**Mes:** ____________________

| Lunes | Martes | Miércoles | Jueves | Viernes | Sábado | Domingo | Suma Restante |
|---|---|---|---|---|---|---|---|
| ☐ | ☐ | ☐ | ☐ | ☐ | ☐ | ☐ | |
| ☐ | ☐ | ☐ | ☐ | ☐ | ☐ | ☐ | |
| ☐ | ☐ | ☐ | ☐ | ☐ | ☐ | ☐ | |
| ☐ | ☐ | ☐ | ☐ | ☐ | ☐ | ☐ | |
| ☐ | ☐ | ☐ | ☐ | ☐ | ☐ | ☐ | |

Instrucciones

1. Anota tu ingreso neto en los días de pago.
2. Registra las facturas en sus fechas de vencimiento.
3. Anota otros gastos de este mes (seguro, días festivos, regalos).
4. Da seguimiento a la suma restante cada semana.
5. Si la suma es positiva, pásala a la siguiente semana.
6. Si es negativa, usa dinero de otra categoría.

| | Registro Mensual De Facturas | | | | MES________________________ | | |
|---|---|---|---|---|---|---|---|
| | Fijo: Los gastos que no cambian de un mes a otro | | | | | | |
| | Variable: Los gastos que cambian de un mes a otro | | | | INGRESO NETO______________________ | | |

## VIVIENDA

| Fecha | A quién pagaste | Monto | Fijo | Variable | Cuenta pagada de | Método de pago (Automático, Débito, Crédito) | ¿Aún debes? ¿Cuánto? (Saldo) |
|---|---|---|---|---|---|---|---|
| | | $ | ☐ | ☐ | | | |
| | | $ | ☐ | ☐ | | | |
| | | $ | ☐ | ☐ | | | |
| | | $ | ☐ | ☐ | | | |
| | | $ | ☐ | ☐ | | | |
| | | $ | ☐ | ☐ | | | |
| | | $ | ☐ | ☐ | | | |
| | | $ | ☐ | ☐ | | | |
| | | $ | ☐ | ☐ | | | |
| | | $ | ☐ | ☐ | | | |
| | | $ | ☐ | ☐ | | | |
| | | $ | ☐ | ☐ | | | |
| | | $ | ☐ | ☐ | | | |
| | | $ | ☐ | ☐ | | | |
| | TOTAL | | | | | | |

**¿Qué aprendiste sobre tus gastos de vivienda fijos y variables?** ____________________

**¿Dónde puede tu dinero trabajar mejor para ti?** ____________________

**¡Un uso más eficiente del dinero significa más para lo que realmente importa!**

## TRANSPORTE

| Fecha | A quién pagaste | Monto | Fijo | Variable | Cuenta pagada de | Método de pago (Automático, Débito, Crédito) | ¿Aún debes? ¿Cuánto? (Saldo) |
|---|---|---|---|---|---|---|---|
| | | $ | ☐ | ☐ | | | |
| | | $ | ☐ | ☐ | | | |
| | | $ | ☐ | ☐ | | | |
| | | $ | ☐ | ☐ | | | |
| | | $ | ☐ | ☐ | | | |
| | | $ | ☐ | ☐ | | | |
| | | $ | ☐ | ☐ | | | |
| | | $ | ☐ | ☐ | | | |
| | | $ | ☐ | ☐ | | | |
| | | $ | ☐ | ☐ | | | |
| | | $ | ☐ | ☐ | | | |
| | | $ | ☐ | ☐ | | | |
| | TOTAL | | | | | | |

**¿Qué aprendiste sobre tus gastos de vivienda fijos y variables?** ____________________

**¿Dónde puede tu dinero trabajar mejor para ti?** ____________________

**¡Un uso más eficiente del dinero significa más para lo que realmente importa!**

**Registro Mensual De Facturas** **MES**______________________

Fijo: Los gastos que no cambian de un mes a otro
Variable: Los gastos que cambian de un mes a otro **INGRESO NETO** ______________________

## MÍNIMOS DE DEUDA- Lo necesario para mantener la deuda al corriente

| Fecha | A quién pagaste | Monto | Fijo | Variable | Cuenta pagada de | Método de pago (Automático, Débito, Crédito) | ¿Aún debes? ¿Cuánto? (Saldo) |
|---|---|---|---|---|---|---|---|
| | | $ | ☐ | ☐ | | | |
| | | $ | ☐ | ☐ | | | |
| | | $ | ☐ | ☐ | | | |
| | | $ | ☐ | ☐ | | | |
| | | $ | ☐ | ☐ | | | |
| | | $ | ☐ | ☐ | | | |
| | | $ | ☐ | ☐ | | | |
| | | $ | ☐ | ☐ | | | |
| | | $ | ☐ | ☐ | | | |
| | | $ | ☐ | ☐ | | | |
| | | $ | ☐ | ☐ | | | |
| | | $ | ☐ | ☐ | | | |
| | | $ | ☐ | ☐ | | | |
| | | $ | ☐ | ☐ | | | |
| | **TOTAL** | | | | | | |

¿Qué aprendiste sobre tus gastos de vivienda fijos y variables? ______________________

¿Dónde puede tu dinero trabajar mejor para ti? ______________________

¡Un uso más eficiente del dinero significa más para lo que realmente importa!

## GASTOS DE CUIDADO- Personales, hijos, mascotas

| Fecha | A quién pagaste | Monto | Fijo | Variable | Cuenta pagada de | Método de pago (Automático, Débito, Crédito) | ¿Aún debes? ¿Cuánto? (Saldo) |
|---|---|---|---|---|---|---|---|
| | | $ | ☐ | ☐ | | | |
| | | $ | ☐ | ☐ | | | |
| | | $ | ☐ | ☐ | | | |
| | | $ | ☐ | ☐ | | | |
| | | $ | ☐ | ☐ | | | |
| | | $ | ☐ | ☐ | | | |
| | | $ | ☐ | ☐ | | | |
| | | $ | ☐ | ☐ | | | |
| | | $ | ☐ | ☐ | | | |
| | | $ | ☐ | ☐ | | | |
| | | $ | ☐ | ☐ | | | |
| | | $ | ☐ | ☐ | | | |
| | | $ | ☐ | ☐ | | | |
| | **TOTAL** | | | | | | |

¿Qué aprendiste sobre tus gastos de vivienda fijos y variables? ______________________

¿Dónde puede tu dinero trabajar mejor para ti? ______________________

¡Un uso más eficiente del dinero significa más para lo que realmente importa!

# Registro De Gastos Con Tarjeta De Crédito

Gasta, paga, repite

| Fecha de pago | Nombre de Tarjeta | Cargos | Pagado | ¿El saldo sube o baja? |
|---|---|---|---|---|
| | | | | |
| | | | | |
| | | | | |
| | | | | |
| | | | | |
| | | | | |
| | | | | |
| | | | | |
| | | | | |
| | | | | |
| | | | | |
| | | | | |
| | | | | |
| | | | | |
| | | | | |
| | | | | |
| | | | | |
| | | | | |
| | | | | |
| | | | | |

# MI MAPA DEL DINERO

## ¿CUÁL ES EL PRIMER OBJETIVO?

## POR QUÉ

¿Por qué quieres esto?

## HERRAMIENTAS PARA TENER EXITO

¿Dónde llevarás el seguimiento de tu progreso?

## PLAZO DE TIEMPO

¿Cuándo?

## APOYO

¿Quiénes te animarán a alcanzar tus objetivos? Escribe sus nombres aquí.

## CÓMO LLEGAR

Nombra 3 pasos que puedes dar hoy para empezar a alcanzar estos objetivos.

## Tus Zonas De Gastos Ocultos

Mes____________________

Semana (círcula) 1 2 3 4 5

La comida, las compras y el entretenimiento son las principales categorías donde suele ocurrir el gasto impulsivo.

Haz seguimiento semanal de estas categorías (y de cualquier otra que sientas que está vaciando tu "cubeta" de dinero) y descubre cuánto más puedes conservar al final del mes.

| COMIDA | | | COMPRAS | | | ENTRETENIMIENTO | | |
|---|---|---|---|---|---|---|---|---|
| Monto $ | Débito* | Crédito* | Monto $ | Débito | Crédito | Monto $ | Débito | Crédito |
| ________ | ☐ | ☐ | ________ | ☐ | ☐ | ________ | ☐ | ☐ |
| ________ | ☐ | ☐ | ________ | ☐ | ☐ | ________ | ☐ | ☐ |
| ________ | ☐ | ☐ | ________ | ☐ | ☐ | ________ | ☐ | ☐ |
| ________ | ☐ | ☐ | ________ | ☐ | ☐ | ________ | ☐ | ☐ |
| ________ | ☐ | ☐ | ________ | ☐ | ☐ | ________ | ☐ | ☐ |
| ________ | ☐ | ☐ | ________ | ☐ | ☐ | ________ | ☐ | ☐ |
| ________ | ☐ | ☐ | ________ | ☐ | ☐ | ________ | ☐ | ☐ |
| ________ | ☐ | ☐ | ________ | ☐ | ☐ | ________ | ☐ | ☐ |
| ________ | ☐ | ☐ | ________ | ☐ | ☐ | ________ | ☐ | ☐ |
| ________ | ☐ | ☐ | ________ | ☐ | ☐ | ________ | ☐ | ☐ |

*Débito: El dinero se descuenta de tu cuenta de inmediato (corriente o de ahorros) cuando lo gastas.

*Crédito: Las compras se suman a un saldo acumulado que debes pagar antes de la fecha de vencimiento para evitar intereses.

## Tus Zonas De Gastos Ocultos

Mes______________

Semana (círcula) 1 2 3 4 5

La comida, las compras y el entretenimiento son las principales categorías donde suele ocurrir el gasto impulsivo.

Haz seguimiento semanal de estas categorías (y de cualquier otra que sientas que está vaciando tu "cubeta" de dinero) y descubre cuánto más puedes conservar al final del mes.

| **COMIDA** | | | **COMPRAS** | | | **ENTRETENIMIENTO** | | |
|---|---|---|---|---|---|---|---|---|
| Monto $ | Débito* | Crédito* | Monto $ | Débito | Crédito | Monto $ | Débito | Crédito |
| ________ | ☐ | ☐ | ________ | ☐ | ☐ | ________ | ☐ | ☐ |
| ________ | ☐ | ☐ | ________ | ☐ | ☐ | ________ | ☐ | ☐ |
| ________ | ☐ | ☐ | ________ | ☐ | ☐ | ________ | ☐ | ☐ |
| ________ | ☐ | ☐ | ________ | ☐ | ☐ | ________ | ☐ | ☐ |
| ________ | ☐ | ☐ | ________ | ☐ | ☐ | ________ | ☐ | ☐ |
| ________ | ☐ | ☐ | ________ | ☐ | ☐ | ________ | ☐ | ☐ |
| ________ | ☐ | ☐ | ________ | ☐ | ☐ | ________ | ☐ | ☐ |
| ________ | ☐ | ☐ | ________ | ☐ | ☐ | ________ | ☐ | ☐ |
| ________ | ☐ | ☐ | ________ | ☐ | ☐ | ________ | ☐ | ☐ |
| ________ | ☐ | ☐ | ________ | ☐ | ☐ | ________ | ☐ | ☐ |

*Débito: El dinero se descuenta de tu cuenta de inmediato (corriente o de ahorros) cuando lo gastas.

*Crédito: Las compras se suman a un saldo acumulado que debes pagar antes de la fecha de vencimiento para evitar intereses.

## Tus Zonas De Gastos Ocultos

Mes_______________

Semana (círcula) 1 2 3 4 5

La comida, las compras y el entretenimiento son las principales categorías donde suele ocurrir el gasto impulsivo.

Haz seguimiento semanal de estas categorías (y de cualquier otra que sientas que está vaciando tu "cubeta" de dinero) y descubre cuánto más puedes conservar al final del mes.

| **COMIDA** | | | **COMPRAS** | | | **ENTRETENIMIENTO** | | |
|---|---|---|---|---|---|---|---|---|
| Monto $ | Débito* | Crédito* | Monto $ | Débito | Crédito | Monto $ | Débito | Crédito |
| ________ | ☐ | ☐ | ________ | ☐ | ☐ | ________ | ☐ | ☐ |
| ________ | ☐ | ☐ | ________ | ☐ | ☐ | ________ | ☐ | ☐ |
| ________ | ☐ | ☐ | ________ | ☐ | ☐ | ________ | ☐ | ☐ |
| ________ | ☐ | ☐ | ________ | ☐ | ☐ | ________ | ☐ | ☐ |
| ________ | ☐ | ☐ | ________ | ☐ | ☐ | ________ | ☐ | ☐ |
| ________ | ☐ | ☐ | ________ | ☐ | ☐ | ________ | ☐ | ☐ |
| ________ | ☐ | ☐ | ________ | ☐ | ☐ | ________ | ☐ | ☐ |
| ________ | ☐ | ☐ | ________ | ☐ | ☐ | ________ | ☐ | ☐ |
| ________ | ☐ | ☐ | ________ | ☐ | ☐ | ________ | ☐ | ☐ |
| ________ | ☐ | ☐ | ________ | ☐ | ☐ | ________ | ☐ | ☐ |

*Débito: El dinero se descuenta de tu cuenta de inmediato (corriente o de ahorros) cuando lo gastas.
*Crédito: Las compras se suman a un saldo acumulado que debes pagar antes de la fecha de vencimiento para evitar intereses.

# Tus Zonas De Gastos Ocultos

Mes_______________

Semana (círcula) 1 2 3 4 5

La comida, las compras y el entretenimiento son las principales categorías donde suele ocurrir el gasto impulsivo.

Haz seguimiento semanal de estas categorías (y de cualquier otra que sientas que está vaciando tu "cubeta" de dinero) y descubre cuánto más puedes conservar al final del mes.

| **COMIDA** | | | **COMPRAS** | | | **ENTRETENIMIENTO** | | |
|---|---|---|---|---|---|---|---|---|
| Monto $ | Débito* | Crédito* | Monto $ | Débito | Crédito | Monto $ | Débito | Crédito |
| ________ | ☐ | ☐ | ________ | ☐ | ☐ | ________ | ☐ | ☐ |
| ________ | ☐ | ☐ | ________ | ☐ | ☐ | ________ | ☐ | ☐ |
| ________ | ☐ | ☐ | ________ | ☐ | ☐ | ________ | ☐ | ☐ |
| ________ | ☐ | ☐ | ________ | ☐ | ☐ | ________ | ☐ | ☐ |
| ________ | ☐ | ☐ | ________ | ☐ | ☐ | ________ | ☐ | ☐ |
| ________ | ☐ | ☐ | ________ | ☐ | ☐ | ________ | ☐ | ☐ |
| ________ | ☐ | ☐ | ________ | ☐ | ☐ | ________ | ☐ | ☐ |
| ________ | ☐ | ☐ | ________ | ☐ | ☐ | ________ | ☐ | ☐ |
| ________ | ☐ | ☐ | ________ | ☐ | ☐ | ________ | ☐ | ☐ |
| ________ | ☐ | ☐ | ________ | ☐ | ☐ | ________ | ☐ | ☐ |

*Débito: El dinero se descuenta de tu cuenta de inmediato (corriente o de ahorros) cuando lo gastas.
*Crédito: Las compras se suman a un saldo acumulado que debes pagar antes de la fecha de vencimiento para evitar intereses.

## Las Cuatro Áreas del Cambio

Evalúate del 1 (menor confianza) al 10 (mayor confianza) en cada área

MANOS- COMPORTAMIENTOS CON EL DINERO

CABEZA - CONOCIMIENTO FINANCIERO

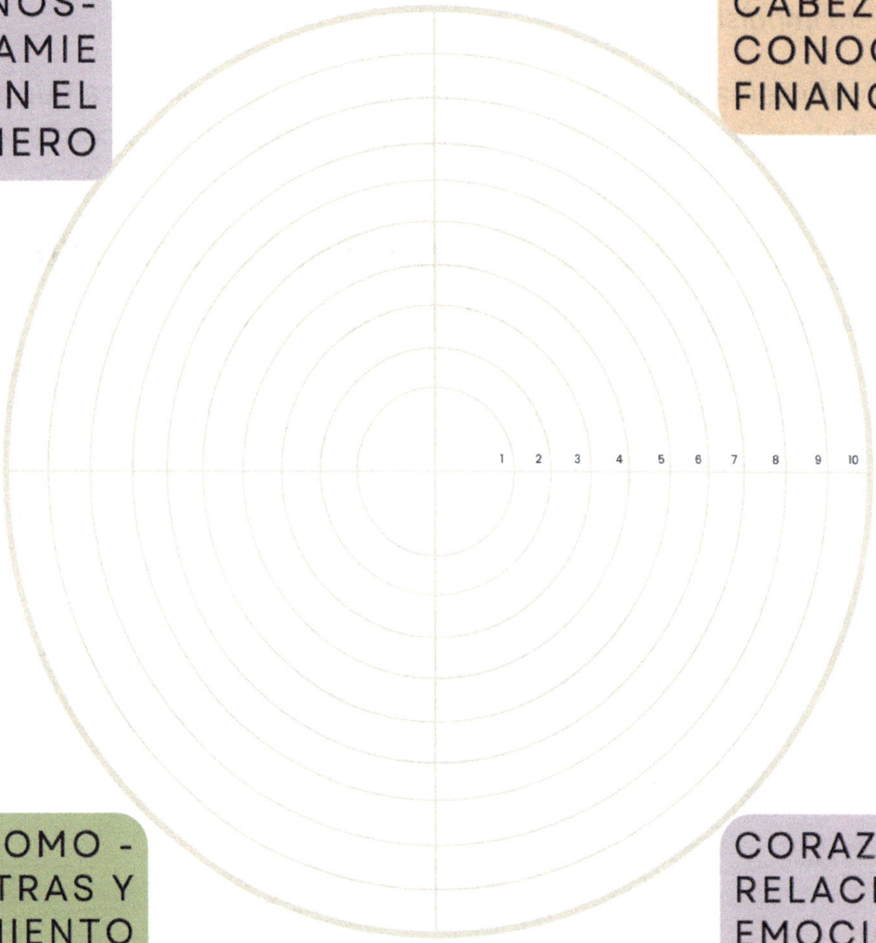


COMO - ADMINISTRAS Y DAS SEGUIMIENTO A TU DINERO

CORAZÓN -TU RELACIÓN CON EMOCIONAL CON EL DINERO

"Mira lo lejos que has llegado: cada paso cuenta. Celébrate."

LO QUE DESCUBRI SOBRE MI......

# Tu Diario Es Solo El Comienzo

**¿Listo/a para dar el siguiente paso con Train Your Money™?**

El curso **Sit, Buck, Sit** te guía paso a paso a través del mismo sistema que usas en este diario, para que puedas organizar tu dinero, crear hábitos que realmente se mantengan y, por fin, sentirte en control.

La mayoría de las personas descubre entre **$100 y $200 de flujo de efectivo "oculto"** en su primer mes — muchas veces más de lo que cuesta el curso. Con lecciones en video cortas y cuestionarios rápidos que refuerzan el aprendizaje y los hábitos, este curso a demanda hace que la confianza financiera sea simple, accesible y alcanzable.

Inscríbete hoy y comienza a entrenar tu dinero. Estaré contigo en cada paso del camino.

¡Nos vemos pronto!

*Janice*

Escanéame

https://achievefinance.podia.com

# Registro De Fondo De Emergencia

Sombrea un cuadro por cada $50 que ahorres

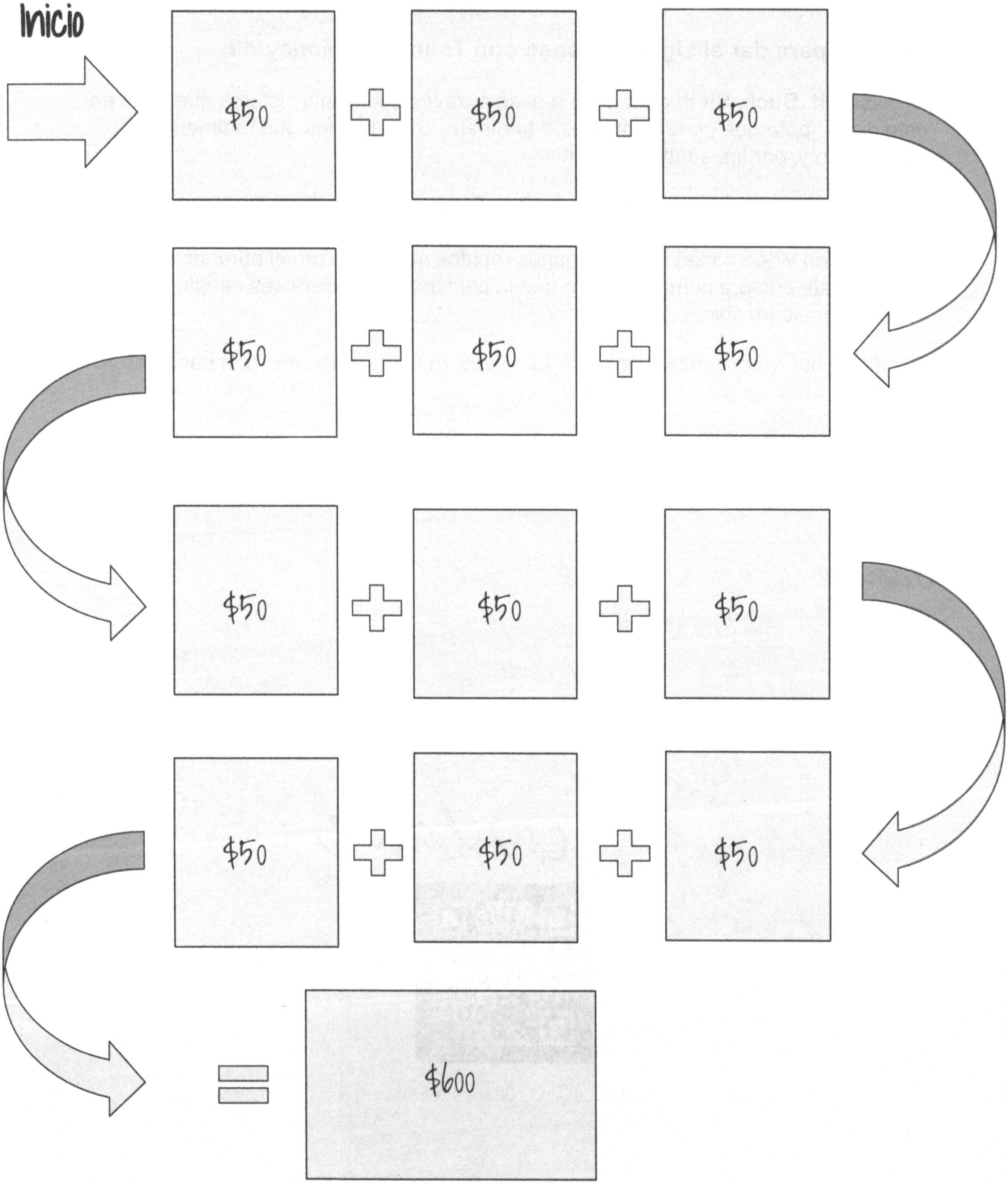

# Registro De Fondo De Emergencia

Sombrea un cuadro por cada $50 que ahorres

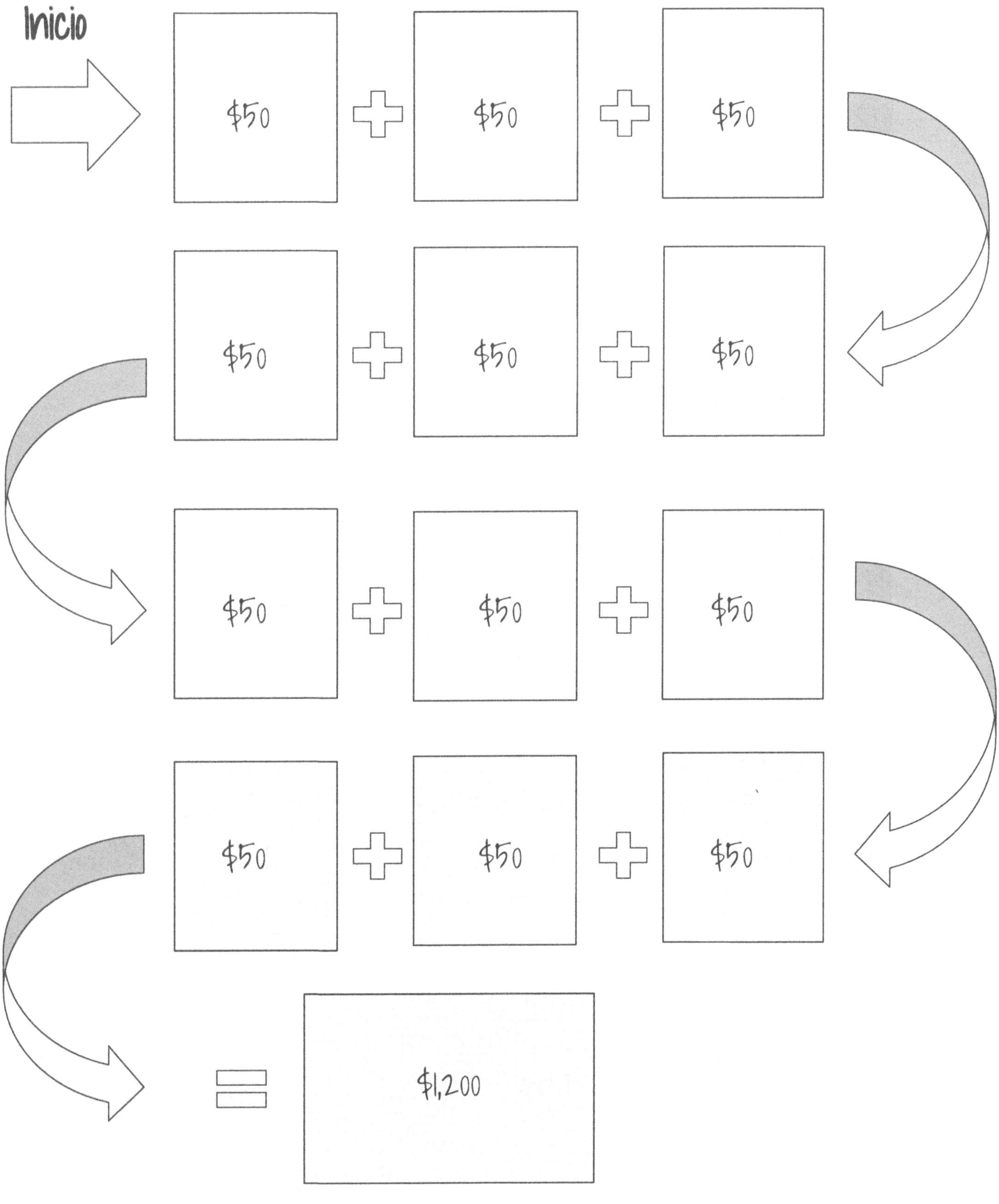

# Registro De Fondo De Emergencia

Sombrea un cuadro por cada $50 que ahorres

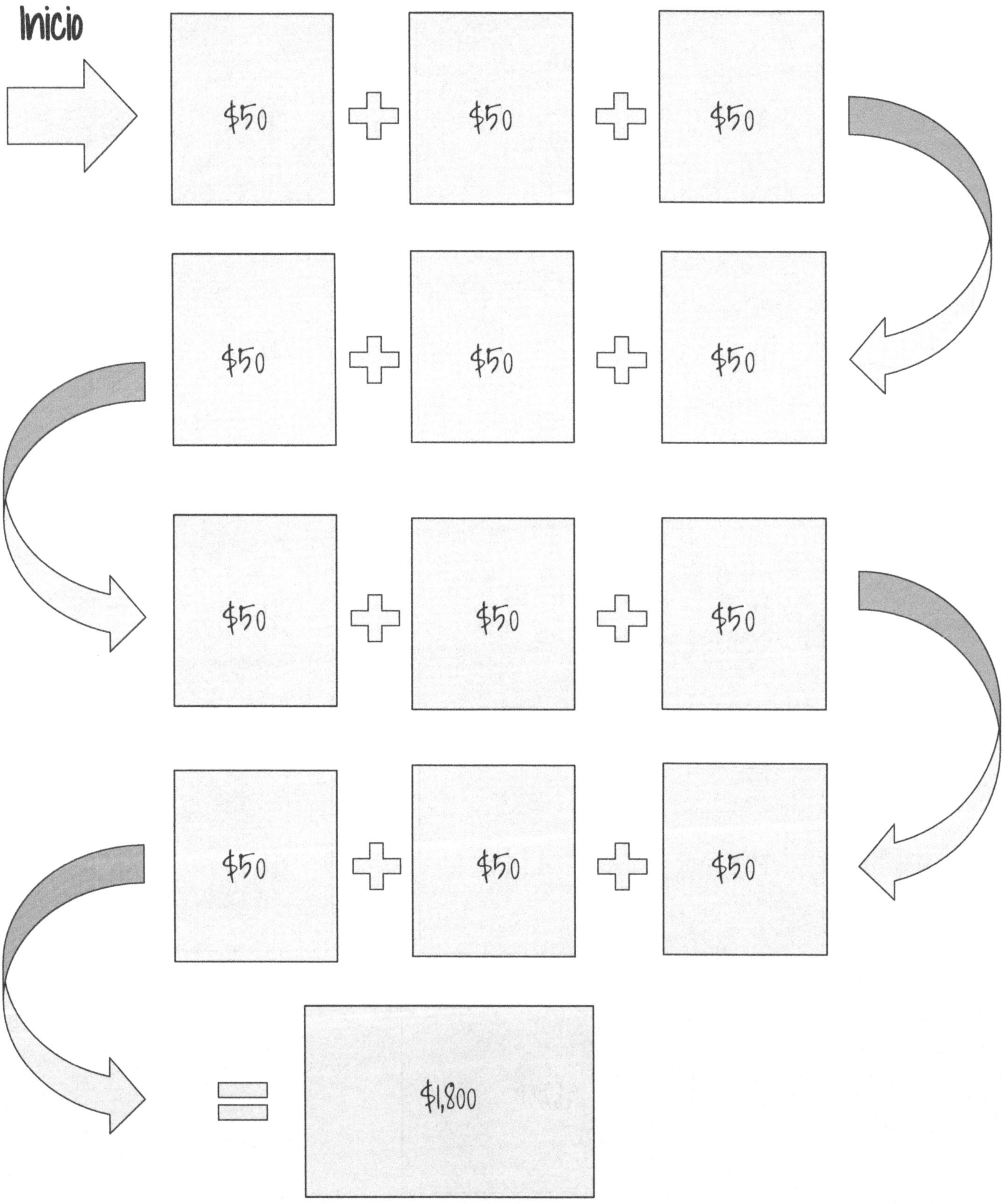

# Registro De Fondo De Emergencia

Sombrea un cuadro por cada $50 que ahorres

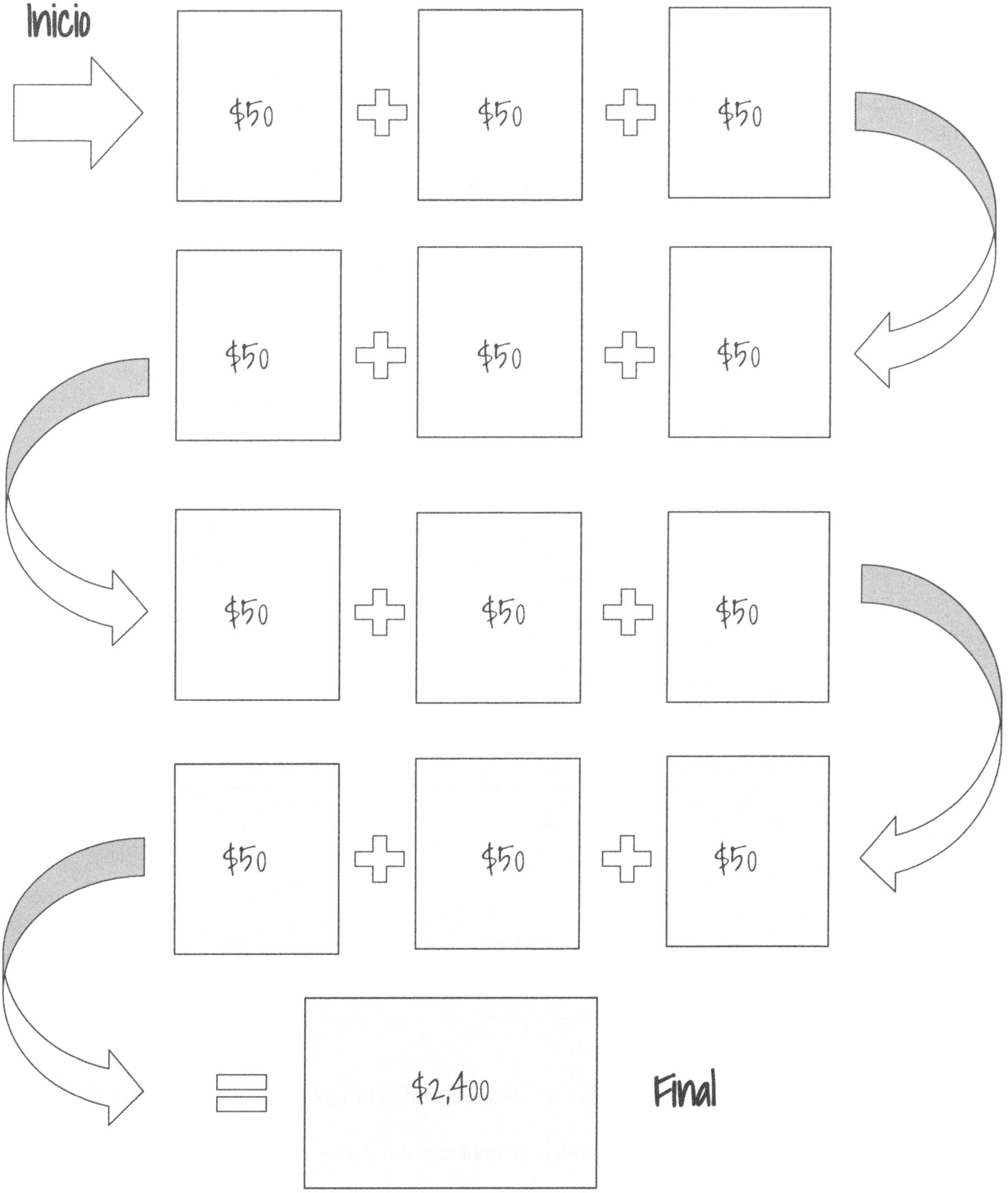

# Tus Zonas De Gastos Ocultos

Mes________________

Semana (círcula) 1 2 3 4 5

La comida, las compras y el entretenimiento son las principales categorías donde suele ocurrir el gasto impulsivo.

Haz seguimiento semanal de estas categorías (y de cualquier otra que sientas que está vaciando tu "cubeta" de dinero) y descubre cuánto más puedes conservar al final del mes.

| **COMIDA** | | | **COMPRAS** | | | **ENTRETENIMIENTO** | | |
|---|---|---|---|---|---|---|---|---|
| Monto $ | Débito* | Crédito* | Monto $ | Débito | Crédito | Monto $ | Débito | Crédito |
| ________ | ☐ | ☐ | ________ | ☐ | ☐ | ________ | ☐ | ☐ |
| ________ | ☐ | ☐ | ________ | ☐ | ☐ | ________ | ☐ | ☐ |
| ________ | ☐ | ☐ | ________ | ☐ | ☐ | ________ | ☐ | ☐ |
| ________ | ☐ | ☐ | ________ | ☐ | ☐ | ________ | ☐ | ☐ |
| ________ | ☐ | ☐ | ________ | ☐ | ☐ | ________ | ☐ | ☐ |
| ________ | ☐ | ☐ | ________ | ☐ | ☐ | ________ | ☐ | ☐ |
| ________ | ☐ | ☐ | ________ | ☐ | ☐ | ________ | ☐ | ☐ |
| ________ | ☐ | ☐ | ________ | ☐ | ☐ | ________ | ☐ | ☐ |
| ________ | ☐ | ☐ | ________ | ☐ | ☐ | ________ | ☐ | ☐ |
| ________ | ☐ | ☐ | ________ | ☐ | ☐ | ________ | ☐ | ☐ |

*Débito: El dinero se descuenta de tu cuenta de inmediato (corriente o de ahorros) cuando lo gastas.

*Crédito: Las compras se suman a un saldo acumulado que debes pagar antes de la fecha de vencimiento para evitar intereses.

## Tus Zonas De Gastos Ocultos

Mes________________

Semana (círcula) 1 2 3 4 5

La comida, las compras y el entretenimiento son las principales categorías donde suele ocurrir el gasto impulsivo.

Haz seguimiento semanal de estas categorías (y de cualquier otra que sientas que está vaciando tu "cubeta" de dinero) y descubre cuánto más puedes conservar al final del mes.

| **COMIDA** | | | **COMPRAS** | | | **ENTRETENIMIENTO** | | |
|---|---|---|---|---|---|---|---|---|
| Monto $ | Débito* | Crédito* | Monto $ | Débito | Crédito | Monto $ | Débito | Crédito |
| ________ | ☐ | ☐ | ________ | ☐ | ☐ | ________ | ☐ | ☐ |
| ________ | ☐ | ☐ | ________ | ☐ | ☐ | ________ | ☐ | ☐ |
| ________ | ☐ | ☐ | ________ | ☐ | ☐ | ________ | ☐ | ☐ |
| ________ | ☐ | ☐ | ________ | ☐ | ☐ | ________ | ☐ | ☐ |
| ________ | ☐ | ☐ | ________ | ☐ | ☐ | ________ | ☐ | ☐ |
| ________ | ☐ | ☐ | ________ | ☐ | ☐ | ________ | ☐ | ☐ |
| ________ | ☐ | ☐ | ________ | ☐ | ☐ | ________ | ☐ | ☐ |
| ________ | ☐ | ☐ | ________ | ☐ | ☐ | ________ | ☐ | ☐ |
| ________ | ☐ | ☐ | ________ | ☐ | ☐ | ________ | ☐ | ☐ |
| ________ | ☐ | ☐ | ________ | ☐ | ☐ | ________ | ☐ | ☐ |

*Débito: El dinero se descuenta de tu cuenta de inmediato (corriente o de ahorros) cuando lo gastas.
*Crédito: Las compras se suman a un saldo acumulado que debes pagar antes de la fecha de vencimiento para evitar intereses.

## Tus Zonas De Gastos Ocultos

Mes___________________

Semana (círcula) 1 2 3 4 5

La comida, las compras y el entretenimiento son las principales categorías donde suele ocurrir el gasto impulsivo.

Haz seguimiento semanal de estas categorías (y de cualquier otra que sientas que está vaciando tu "cubeta" de dinero) y descubre cuánto más puedes conservar al final del mes.

| COMIDA | | | COMPRAS | | | ENTRETENIMIENTO | | |
|---|---|---|---|---|---|---|---|---|
| Monto $ | Débito* | Crédito* | Monto $ | Débito | Crédito | Monto $ | Débito | Crédito |
| ________ | ☐ | ☐ | ________ | ☐ | ☐ | ________ | ☐ | ☐ |
| ________ | ☐ | ☐ | ________ | ☐ | ☐ | ________ | ☐ | ☐ |
| ________ | ☐ | ☐ | ________ | ☐ | ☐ | ________ | ☐ | ☐ |
| ________ | ☐ | ☐ | ________ | ☐ | ☐ | ________ | ☐ | ☐ |
| ________ | ☐ | ☐ | ________ | ☐ | ☐ | ________ | ☐ | ☐ |
| ________ | ☐ | ☐ | ________ | ☐ | ☐ | ________ | ☐ | ☐ |
| ________ | ☐ | ☐ | ________ | ☐ | ☐ | ________ | ☐ | ☐ |
| ________ | ☐ | ☐ | ________ | ☐ | ☐ | ________ | ☐ | ☐ |
| ________ | ☐ | ☐ | ________ | ☐ | ☐ | ________ | ☐ | ☐ |
| ________ | ☐ | ☐ | ________ | ☐ | ☐ | ________ | ☐ | ☐ |

*Débito: El dinero se descuenta de tu cuenta de inmediato (corriente o de ahorros) cuando lo gastas.

*Crédito: Las compras se suman a un saldo acumulado que debes pagar antes de la fecha de vencimiento para evitar intereses.

# Tus Zonas De Gastos Ocultos

Mes________________

Semana (círcula) 1 2 3 4 5

La comida, las compras y el entretenimiento son las principales categorías donde suele ocurrir el gasto impulsivo.

Haz seguimiento semanal de estas categorías (y de cualquier otra que sientas que está vaciando tu "cubeta" de dinero) y descubre cuánto más puedes conservar al final del mes.

| **COMIDA** | | | **COMPRAS** | | | **ENTRETENIMIENTO** | | |
|---|---|---|---|---|---|---|---|---|
| Monto $ | Débito* | Crédito* | Monto $ | Débito | Crédito | Monto $ | Débito | Crédito |
| ________ | ☐ | ☐ | ________ | ☐ | ☐ | ________ | ☐ | ☐ |
| ________ | ☐ | ☐ | ________ | ☐ | ☐ | ________ | ☐ | ☐ |
| ________ | ☐ | ☐ | ________ | ☐ | ☐ | ________ | ☐ | ☐ |
| ________ | ☐ | ☐ | ________ | ☐ | ☐ | ________ | ☐ | ☐ |
| ________ | ☐ | ☐ | ________ | ☐ | ☐ | ________ | ☐ | ☐ |
| ________ | ☐ | ☐ | ________ | ☐ | ☐ | ________ | ☐ | ☐ |
| ________ | ☐ | ☐ | ________ | ☐ | ☐ | ________ | ☐ | ☐ |
| ________ | ☐ | ☐ | ________ | ☐ | ☐ | ________ | ☐ | ☐ |
| ________ | ☐ | ☐ | ________ | ☐ | ☐ | ________ | ☐ | ☐ |
| ________ | ☐ | ☐ | ________ | ☐ | ☐ | ________ | ☐ | ☐ |

*Débito: El dinero se descuenta de tu cuenta de inmediato (corriente o de ahorros) cuando lo gastas.
*Crédito: Las compras se suman a un saldo acumulado que debes pagar antes de la fecha de vencimiento para evitar intereses.

# NOTAS

# NOTAS

Janice Pierce, CFP®, RICP®, CRPC cree que todas las personas tienen una historia financiera que vale la pena contar, y que cuando comprendemos la nuestra, comenzamos a dar forma a un futuro que se siente tanto resiliente como libre.

Por eso creó el sistema Train Your Money™: un marco práctico y centrado en el corazón, diseñado para eliminar la confusión en torno a las finanzas y hacer que se sientan accesibles, empoderadoras e incluso inspiradoras. Este sistema desglosa las partes más importantes de un plan financiero en pasos claros y manejables.

María Romero-Vega es la fuerza creativa detrás del diseño del libro, dando vida a sus páginas con claridad y propósito. Desempeñó un papel clave en el formato y la preparación del libro para su publicación, asegurando una experiencia de lectura fluida y profesional. Su atención al detalle y su compromiso con la calidad hicieron posible este proyecto.

Made in United States
Orlando, FL
05 November 2026

90207808R00083